KB274550

청소년 기도서

우리와 함께 하시는 하나님

이금만 지음

도서출판 아침
Christian Home Books

일러두기

제1부는 사랑의 하나님을 찬양하는 감사기도입니다.
제2부는 맑고 향기로운 사람이 되려는 회개기도입니다.
제3부는 주님의 평화를 지향하는 청원기도입니다.
제4부는 더불어 새로워지는 삶을 위한 중보기도입니다.

개인적으로 기도할 때뿐 아니라
예배나 기도회에서도 사용할 수 있도록
꾸몄습니다.
●는 인도자,
○는 회중,
◎는 인도자와 회중이 함께 기도하라는 표시입니다.

머리말

꾸준히 기도하는 이들에게,
예수의 기도를 본받으려는 이들에게,
전혀 기도할 줄 모르는 이들에게,
기도를 어렵게 생각하고 망설이는 이들에게,
일방적 독백기도만 드리고 있는 이들에게,
청원기도와 청취기도의 균형을 추구하는 이들에게,
통성기도와 묵상기도의 조화를 모색하는 이들에게,
감사기도와 애원기도를 조합하려는 이들에게,
회개기도와 용서실천을 병행하려는 이들에게,
간청기도와 노동기도를 통합하려는 이들에게,
이 청소년 기도서가 많은 도움이 되기를 바랍니다.

1999. 7. 1. 수유리 교정에서

이금만

차례

제1부 감사기도

제3부 청원기도

제4부 중보기도

제1부
감사기도

창조주께 찬양

시편 8:1-10

● 우리와 함께 하시는 주님!

온 우주에 주님 이름 어찌 그리 위엄이 넘치시는지요?

○ 그 위대하심 하늘 높이 퍼집니다.

어린아이, 젖먹이들까지도 그 입술로 주님의 장엄을 노래합니다.

● 우러러 주님이 손수 빚으신

저 하늘과 굳건히 세우신 달과 별들을 봅니다.

○ 저희가 무엇이기에 이토록 마음에 두시며

저희가 무엇이기에 이토록 돌보아 주십니까?

● 저희에게 영광과 존귀의 관을 씌워 주셨습니다.

그리고 주님의 작품들을 돌보게 하셨습니다.

○ 저 모든 양떼와 소떼 들짐승하며

하늘의 새들과 바다의 고기를 선물로 주셨습니다.

● 함께 하시는 주님!

온 우주에 주님 이름 어찌 그리 위엄이 넘치시는지요?

◎ 길이길이 찬양받아 주십시오.

예수님 이름으로 기도드립니다. 아멘.

언제나 주께 찬양

시편 8:1-10

● 주님! 아름다운 자연을 주셔서 감사드립니다.

○ 매일의 필요한 양식도 주셔서 감사합니다.

저희를 돕는 많은 사람들을 주셔서 감사드립니다.

● 삶의 기쁨을 주셔서 감사합니다.

사랑으로 양육해 주시는 부모님을 주셔서 감사합니다.

○ 실수와 허물을 용납해 주고

실패할 때 위로해 주는 친구를 주셔서 감사합니다.

● 선생님들의 참되고 바른 가르침에 감사드립니다.

낯선 사람이 베푸는 친절에 대해 감사드립니다.

○ 성장할 수 있는 풍부한 기회를 주셔서 감사합니다.

● 실패로부터 지혜를 배우게 하시니 감사합니다.

시련으로부터 겸손을 배우게 하시니 감사합니다.

○ 언제나 새로운 시작을 할 수 있게 해주셔서 감사합니다.

성과있는 끝맺음을 감사합니다.

● 새벽의 신선함과 평화로운 밤을 주셔서 감사합니다.

놀이를 통해 재창조하게 하시니 감사합니다.

◎ 몰두할 수 있는 책과 취미를 주셔서 감사합니다.

예수님 이름으로 기도드립니다. 아멘.

우리 보호자 주께 찬양

시편 9:1-10

● 함께 하시는 주님!

  우리 마음과 정성과 힘과 뜻 다 바쳐 감사드립니다.

○ 주님의 놀라운 일들을 남김없이 빠짐없이 찬양하겠습니다.

● 최고이신 주님!

  주님을 생각만 해도 그저 기쁘고 즐거워 그 이름 노래합니다.

○ 주님이 나타나시면 원수들은 뒤돌아서 도망치다가,

  비틀비틀 넘어져서 죽고 맙니다.

● 주님은 공정하신 재판장이시기에, 보좌에 앉으셔서

  우리의 의와 송사를 변호해 주셨습니다.

○ 주님은 정의로 세계를 다스리시며 공정하게 만백성을 판결하십니다.

● 주님은 억압받는 이들이 피할 요새이시며,

  고난받을 때에 피신하는 견고한 성이십니다.

○ 우리를 결코 버리지 않으시므로, 저희가 주님만 의지합니다.

◎ 언제나 주님을 드높이도록 은총을 주소서.

  예수님 이름으로 기도드립니다. 아멘.

우리 힘되신 주께 찬양
시편18편

● 우리 힘이신 주님 ! 주님은 우리를 사랑하시지요.

○ 우리도 주님을 사랑합니다. 주님은 우리의 반석이십니다.

● 주님은 우리를 건지시는 분, 우리가 피할 바위,

　우리의 방패, 우리의 구원의 뿔, 우리의 산성이십니다.

○ 우리가 고통 가운데서 살려 달라고 부르짖을 때면

　우리를 미워하는 자들에게서 건져 주셨습니다.

● 우리가 두 마음을 품지 않고 주님을 받들면

　주님께서도 한결같이 우리를 붙들어 주십니다.

○ 우리가 한마음으로 주님을 바라면

　주님께서도 한마음을 보여 주십니다.

● 깨끗하게 살면 깨끗함을 보여 주시고,

　거만하면 낮추시고, 불쌍하고 억눌릴 때면 건져 주십니다.

○ 주님은 등불로 우리의 어둠을 밝히십니다.

　정녕 주님이 도와주시면 못 넘을 담이 없습니다.

● 정녕 주님 말고 그 누가 하나님이며,

　주님 말고 그 누가 반석이 되어 주겠습니까?

○ 주님은 힘으로 우리를 띠 두르시어 무릎 떨리는 일없이

　활개를 치게 해주셨습니다.

● 주님은 구원의 방패를 우리에게 주시고

오른손으로 받쳐 주시며 손수 보살피시어 우리를 크게 만드십니다.

◎ 그러기에 여럿 앞에서 주님 이름을 높이높이 찬양합니다.

예수님 이름으로 기도드립니다. 아멘.

행복의 근원, 주께 찬양

시편 16:1-11

● 함께 하시는 주님! 주님께 행복의 길이 있습니다.

○ 주님은 우리가 받을 유산의 몫입니다.

  저의 몫을 주님 홀로 간직하고 계십니다.

● 주님은 넘치는 사랑을 주십니다.

  제 운명의 주사위는 주님 손 안에 있습니다.

○ 제가 받을 상은 참으로 주님입니다.

  날마다 반짝이는 생각을 주십니다.

● 밤에도 자애로운 교훈으로 타이르시니 감사합니다.

  주님 항상 곁에 계시면 흔들릴 것 없습니다.

○ 제 마음과 영혼이 기쁨 넘치고, 위험도 느끼지 않는 까닭은

  저를 보호하셔서 죽음의 세계에 버리지 않으시기 때문입니다.

● 몸소 생명의 길 보여 주시니, 제 삶에 기쁨이 넘칩니다.

  주께서 곁에 계시니 큰 즐거움과 평화가 영원할 것입니다.

◎ 예수님 이름으로 감사기도드립니다. 아멘.

나의 사랑, 나의 주님! ①

시편 23:1-3,6

● 주님! 주님은 선한 목자시니 생명을 얻고 또 얻어 넘칩니다.

○ 푸른 풀밭에 쉬게 하시고, 잔잔한 물가로 이끄셔서

　생기를 돋우며 바른 길로 끄는 것은 주님의 이름 때문입니다.

● 주님을 믿고 바랐더니 새 힘이 솟아납니다.

　날개쳐 솟아오르는 독수리처럼 아무리 뛰어도 고단치 않고

　아무리 걸어도 지치지 않습니다.

○ 저희가 지칠 때면 마음껏 마실 물을 주시고,

　허기질 때면 배불리 먹을 양식을 주십니다

● 저희에게 지혜로운 길을 가르쳐 주었고

　곧은 길로 이끌어 주셨습니다.

○ 영광을 저희에게 돌리지 마시고 주님의 이름만 영광되게 하소서.

● 그 영광은 사랑과 진실로 이루어진 것입니다.

○ 한평생 모든 날에 호의와 자애만이 저희를 따르리니

　일생토록 주님의 집에 살겠습니다.

● 주님께 청하는 단 하나 소원은

　한평생 주님의 곁에 머무는 그것뿐,

○ 아침마다 주님 곁에서 눈을 뜨고 주님을 뵙는 것이 저희 낙입니다.

◎ 예수님 이름으로 기도드립니다. 아멘.

나의 사랑, 나의 주님!②

시편 23:1-6

● 주님! 우리는 주님의 사랑, 주님은 우리의 사랑!
  아무리 만나고 또 뵈어도 우리는 주님이 그립습니다.

○ 주님 빛 너무 눈부시고 주님 애정 너무 강열합니다.

● 우리의 느낌과 마음, 우리의 눈과 귀, 우리의 미각과 후각,
  우리 존재의 한올 한올이 주님을 애절하게 갈망합니다.

○ 주님은 우리 마음을 깨워 사랑의 아름다움을 보게 하십니다.
  주님은 아무리 만나도 충분하지 않습니다.

● 우리 마음을 깨워 내면의 아름다움을 보게 하시고
  황홀함과 평화로운 초장으로 우리를 끌어 주시니
  매순간마다 싱싱하게 생기 돋습니다.

○ 주님은 오늘도 사랑만이 마련할 수 있는 놀라움으로 삶의 길목마
  다 동행하십니다.

● 우리가 비록 불안과 열등감으로 흔들려도 죽음보다 더 강한 사랑,
  절망의 깊이보다 더 깊은 사랑으로 우리를 바른 길로 밀어 주십니다.

○ 주님은 산골짝 샘물 같은 우리의 연인 지친 목을 축여 주십니다.

● 우리는 빈 갈대, 주님은 폐부까지 적셔 오는 음악,
  주님 주신 열정으로 사랑하며 살게 해주십시오.

◎ 예수님 이름으로 기도드립니다. 아멘.

우리 스승 주께 찬양

시편 23:1-6

● 주님! 주님은 우리 선생님,
　매일 성장하도록 도와주십니다.
○ 상황을 호전시키고 운명을 바꾸게 하시니
　우리의 재능과 기술이 날로 향상되고 숙련됩니다.
● 독특한 재능과 창의력을 키우게 도와주시니
　미래의 꿈과 비전으로 이 가슴 설레입니다.
○ 겸손하게 주님 지식을 나누어 주시며
　주의깊게 경청하며, 기꺼이 도와주시며
　끊임없이 진리를 추구하게 하십니다.
● 우리의 필요를 민감하게 알아들으시며
　잘못을 분별있게 나무라시며
　철없는 제안도 긍정적으로 받아들이십니다.
○ 사상을 전하고 인간화를 가르칠 때
　역사에 대한 치열하고 성실한 자세로
　진리에 겸허하게 순명하게 해주십니다.
● 우리의 부족함과 한계를 받아들이게 하시고
　배움에 대한 열정을 불어넣어 주십니다.
◎ 예수님 이름으로 기도드립니다. 아멘.

해방의 주께 찬양

시편 40:1-17

● 주님! 주님을 간절히 기다렸더니

○ 몸을 굽히시어 굽어보시고 기도를 들어 주셨습니다.

● 저희를 절망의 구덩이에서 건져 주시고

　불안과 우울의 수렁에서 꺼내 주셨습니다.

○ 저희를 패기에 찬 모습으로 반석을 딛고 서게 해주시고

　발걸음을 힘차게 해주셨습니다.

● 주님은 저희 입에 새로운 노래로

　하나님께 드리는 찬양을 담아 주셨습니다.

○ 허수아비 물질 우상에 속지 않고

　오만한 자의 거짓말에 빠져들지 않게 해주셨습니다.

● 주님은 저희를 위하여 놀라운 일을 많이도 하셨으니

　주님과 견줄 사람 그 누구도 없습니다.

○ 저희가 주님의 뜻 행하기를 즐거워합니다.

　주님의 법을 마음속에 새겨 간직하고 있습니다.

● 주님을 찾는 저희는 기뻐하고 즐거워합니다.

○ 자비를 청하는 저희를 거절하지 않으시며

　애절한 자애로 항상 지켜 주십니다.

◎ 예수님 이름으로 기도드립니다. 아멘.

이 아침 주께 찬양

시편 118:1-29

● 주님! 주님의 영원한 선하심과 어지심을 찬양합니다.

○ 저희가 고난받을 때에 주님께 기도하였더니

　들어 주시고 건져 주셨습니다.

● 우리에게 응답하시고 구원이 되어 주셨기에 주님을 찬양합니다.

○ 주님이 우리 편 되시니 두렵지 않습니다.

● 주님께 몸을 피하는 것이

　지위 높은 사람을 의지하는 것보다 낫습니다.

○ 주님은 우리의 힘, 우리의 노래, 우리의 구원이십니다.

● 주님은 엄히 징계하셔도 죽게 내버려두지는 않으셨습니다.

○ 주님께서 하신 일 놀랍기만 합니다.

　사람들이 내버린 돌을 머릿돌로 만드신 일이 기이하기만 합니다.

● 이 날은 주님이 만드신 날 기뻐하고 기뻐하며 즐거워합니다.

○ 주님! 모두에게 필요한 복지를 베푸소서.

　모두에게 자애를 베푸소서.

◎ 오늘 하루 좋으신 주님을 높이 기리고 찬양합니다.

　예수님 이름으로 기도드립니다. 아멘.

탈출의 힘 주시는 주께 찬양

시편 136:1-26

● 주님! 영원하신 자애와 선하심을 찬양합니다.

○ 이 세상에서 가장 크신 주님을 찬양합니다.

  홀로 큰 기적을 일으키신 주님을 찬양합니다.

● 하늘을 슬기로 지으시고, 육지를 만드신 주님을 찬양합니다.

○ 해와 달과 별을 만드신 주님을 찬양합니다.

● 이집트에서 노예로 살던 이들을

  강한 손과 펴신 팔로 이끌어내신 주님을 찬양합니다.

○ 홍해를 두 동강으로 가르신 주님을 찬양합니다.

● 노예로 고생하던 이들을

  그 가운데로 지나가게 하신 주님을 찬양합니다.

○ 사막에서 그들을 인도하신 주님을 찬양합니다.

  억압자들을 내치신 주님을 찬양합니다.

● 비천하고 낮아졌을 때 기억해 주신 주님을 찬양합니다.

○ 짓누르는 이들에게서 건져 주신 주님을 찬양합니다.

● 모든 육신에게 빵을 주시는 주님을 찬양합니다.

◎ 예수님 이름으로 기도드립니다. 아멘.

신실하신 주께 찬양

시편 138:1-8

● 주님! 온 마음을 기울여서 주님께 감사드립니다.

○ 주님의 인자하심과 진실하심을 생각하면서

　주님이름에 감사드립니다.

● 주님은 우리가 기도할 때에 응답해 주셨고,

○ 힘을 불어넣으시어 당당하게 만들어 주셨습니다.

● 주님의 영광이 크시오니 주님의 길을 노래하게 하소서.

○ 주님은 높은 분이시지만 낮은 자를 굽어보시며,

　멀리서도 교만한 자를 다 알아보십니다.

● 우리가 고난의 길 한복판을 걷는다고 하여도,

　주님은 우리를 살려 주시고,

○ 손을 내미셔서, 저를 미워하는 이들의 분노를 꺼주시며

● 오른손을 뻗치시어 저를 구원하여 주십니다.

◎ 주님은 제게 세우신 목적을 이루어 주시니,

　주님의 자비 영원히 찬양합니다.

　예수님 이름으로 기도드립니다. 아멘.

지혜의 주께 찬양

다니엘 2:20, 22-23 ; 고린도전서 12:4-7 ; 로마서 8:14-17

● 주님! 지혜와 능력은 주님 것이니,

　주님이름은 영원부터 영원까지 찬양받을 만 합니다.

○ 빛은 언제나 주님과 함께 있어 어둠 속에 숨긴 것도 아시고,

　깊은 데 숨어 있는 것도 밝히시는 분이십니다.

● 조상들을 보살피시던 하나님!

　주님께 감사하며 찬양을 올립니다.

○ 지혜와 힘을 주시고 알고자 하는 것을 깨우쳐 주시니 감사합니다.

● 같은 성령 안에서 여러 은사를 주시니 감사합니다.

○ 같은 주님 안에서 여러 섬기는 역할을 주시니 감사합니다.

● 같은 하나님 안에서 다양한 일을 하게 하시니 감사합니다.

○ 모든 은사를 공동의 선을 위해서 베풀어 주시니 감사합니다.

● 성령의 인도를 따라 살 때 저희를 불안에 떨게 하지 않고

　하나님의 자녀로 만들어 주시니 감사합니다.

○ 부서진 마음 고치시고 꺾인 넋 싸매 주시니 감사합니다.

● 그 영 안에서 주님을 아버지로 부를 수 있으니 감사합니다.

○ 그러므로 그분과 함께 영광을 누리기 위해

　그분과 함께 고난도 받게 해주십시오.

● 주님이 창조하신 저희 가슴을 복음의 빛으로 채워 주소서.

○ 빛으로 저희의 오관 비추어 주시고 주님 사랑 부어 주소서.

● 제가 가진 재능은 주님을 향한 하나의 일깨움입니다.

○ 저로 하여금 주님 사랑의 걸작품임을 깨닫도록 도와주소서.

◎ 앞장서 이끄시는 주님 손길을 놓지 않게 하소서.

　예수님 이름으로 기도합니다. 아멘.

고난 중에도 주께 찬양

욥기 42:2-5

● 주님! 이제 알겠습니다. 주님은 못하실 일이 없으십니다.

○ 계획하신 일 무엇이든지 이루십니다.

● 부질없는 말로 주님 뜻을 가리운 자, 그것은 바로 저였습니다.

○ 이 머리로는 헤아릴 수 없는 신비한 일들을

　영문도 모르면서 지껄였습니다.

● 주님이 어떤 분이시라는 것을 소문으로만 겨우 들었었는데,

○ 이제 저는 눈으로 주님을 뵈었습니다.

● 그토록 괴롭던 날 지나고

　주님은 사랑 주시어 병든 이 몸 고쳐 주셨습니다.

○ 이 몸도, 재물도, 친구도, 가족도 주님의 것.

◎ 오로지 주님 사랑에 제 모든 것 바칩니다.

　예수님 이름으로 기도드립니다. 아멘.

거룩한 주께 찬양

로마서 11:33-36

● 주님!

주님의 부요와, 지혜와 깊은 인식을 주목합니다.

헤아릴 길 없는 판단을 주목합니다.

○ 황홀하고 신비한 길을 주목합니다.

누가 주님의 생각을 알아낼 수 있겠습니까?

● 누가 주님께 조언할 수 있겠습니까?

누가 무엇하나 주님께 먼저 드릴 수 있겠습니까?

○ 모든 것이 주님으로부터, 주님을 통해,

주님을 위해 있습니다.

◎ 주님께 영광이 영원히 있습니다.

예수님 이름으로 기도드립니다. 아멘.

제2부
회개기도

십계명으로 드리는 회개기도 ①

출애굽기 20:1-17

● 주님!

　주님은 한분 하나님만을 섬기라고 하십니다.

○ 그러나 저희는 하나님보다

　저희 자신에게 좋고 편한 것을 찾을 때가 많습니다.

● 하나님을 삶의 첫자리에 놓지 않을 때도 있습니다.

　놀림받을 것 같으면 신자인 것을 숨기기도 합니다.

○ 또한 실패하고, 위기가 닥치고,

　중요한 물건을 잃어버릴 때 주님을 원망하기도 합니다.

● 나와 생각이 다른 친구는 틀렸다고 하거나

　무시하고 미워할 때가 있습니다.

◎ 주님, 자비를 베풀어 주십시오.

　예수님 이름으로 기도드립니다. 아멘.

십계명으로 드리는 회개기도 ②

출애굽기 20:1-17

● 언제나 함께 하시는 주님!
  주님은 우리에게 우상을 섬기지 말라고 하십니다.
○ 그러나 저희는 저 한 사람의 즐거움만을 위한 돈,
  인기, 성적, 성공, 친구, 컴퓨터,
● 아름다움, 건강 등에 지나치게 집착하여
  기도와 예배에 소홀할 때가 많습니다.
◎ 주님, 자비를 베풀어 주십시오.
  예수님 이름으로 기도드립니다. 아멘.

십계명으로 드리는 회개기도 ③

출애굽기 20:1-17

● 주님! 주님은 "내 이름을 함부로 부르지 말라." 하십니다.

○ 그러나 저는 제 이익을 챙기기 위해

　거짓맹세를 하여 하나님을 팔 때도 있었습니다.

● 생각 없이 함부로 약속하거나,

　약속하고도 지키는 일에 허술했습니다.

○ 사람들은 저희에게 "하나님을 믿는 사람은

　그렇게 약속을 잘도 어기는구나!" 라고 조소합니다.

● 주님의 이름을 농담하는 데 사용할 때도 있었습니다.

　주님의 말씀을 비웃거나 빈정거릴 때도 있었습니다.

○ 하나님의 말씀을 선포하는 전도사님이나 목사님에게

　무례한 생각과 말과 행동을 할 때도 있었습니다.

◎ 하나님께 한 약속도 이행하지 못한 때가 있었습니다.

　주님, 자비를 베풀어 주십시오.

　예수님 이름으로 기도드립니다. 아멘.

십계명으로 드리는 회개기도 ④

출애굽기 20:1-17

● 주님! 주님은 "주일을 거룩하게 지내라." 하십니다.

○ 그러나 저희는 한 주간을 잘 지내게 해주신 하나님께 충분히
감사드리지 못했습니다.
그리고 오는 주간도 사랑을 실천하며
기쁘게 살도록 기도로 준비하지 못할 때가 있었습니다.

● 쉬는 날인데 쉬지 않을 때가 있습니다.
저희 위로나 도움을 필요로 하는 이들을
위로하지도 돌보지도 못했습니다.

○ 대수롭지 않은 일로 예배에 빠지거나
늦는 일이 습관화되지 않았을까 생각합니다.

● 일부러 예배에 빠지거나, 늦게 오거나,
마치기 전 나간 적도 있습니다.

○ 예배중 불안한 마음과 잡념으로 시간을 보낼 때가 있습니다.

● 예배 시간에 장난하거나 떠들며
친구들이 기도하는 것을 방해하기도 했습니다.

○ 가족들이 기쁘고 거룩하게 지내도록 돕지 못하고
나만의 휴식을 즐기기도 했습니다.

◎ 주님, 자비를 베풀어 주십시오. 예수님 이름으로 기도드립니다. 아멘.

십계명으로 드리는 회개기도 ⑤

출애굽기 20:1-17

● 주님, 주님은 "부모에게 효도하라." 하십니다.

　그러나 저희는 특별한 사유 없이

○ 부모님과 다른 노인들의 권위를 인정하지 않고

　불순종하며 무례하게 괴롭혔습니다.

● 부모님과 다른 노인들이 무기력해지고,

　병이 들었을 때 잘 돌보아 드리지 못했습니다.

○ 할아버지 할머니, 부모께 육체적으로 정신적으로

　효성과 존경을 다하며, 사랑하고, 기쁘게 해드리지 못했습니다.

● 그분들을 위해 기도드리지도 못했습니다.

○ 어른들의 어쩔 수 없는 허물과 실수를 용서하지도 못했습니다,

● 그분들이 지니신 좋은 장점을 간직하지 못했습니다.

　어른들의 강함과 약함을 이해하지 못하고 무거운 짐을 지웠습니다.

○ 자주 대화하지 못했고 사소한 물음에 성의껏 대답하지 못했습니다.

● 말씀하실 때 경청하지 못했습니다.

　우리를 위해 겪으신 희생과 은덕을 헤아리지도 못했습니다.

○ 부모님께 충분히 감사를 표현하지 못했고

● 힘들어 하실 때 위로해 드리지도 못했습니다.

◎ 주님, 자비를 베풀어 주십시오. 예수님 이름으로 기도드립니다. 아멘.

십계명으로 드리는 회개기도 ⑥

출애굽기 20:1-17

● 주님,

　주님은 "살인하지 말라." 하십니다.

○ 그러나 저희는 이웃을 미워하고 이용하려 한 적이 있고,

　이웃의 고통을 못 본 체하여 간접적으로 살인을 하기도 했습니다.

● 저희를 괴롭히는 사람의 악을 용서하지 못했습니다.

○ 신체 장애자나 인기없는 친구들을 업신여기거나 따돌렸습니다.

● 자연을 훼손하기도 했고,

　흥청망청 물건을 낭비하며 살았습니다.

○ 부주의하여 친구에게 부상을 입혔습니다.

　인격적으로 마음 상하게 했습니다.

● 우리는 속상하다고 자살을 생각한 적이 있었습니다.

　따돌리는 친구를 증오했고

　친구가 사과해 오는데 거절했습니다.

◎ 주님! 자비를 베풀어 주십시오.

　예수님 이름으로 기도드립니다. 아멘.

● 가정 환경, 종교, 외모 등이 다르다고 차별했습니다.

○ 친구가 화를 내면 바로 맞받아쳤습니다.

　내 의견만을 고집하고 다른 이의 의견을 성급하게 비판했습니다.

● 과식으로 건강을 해쳤습니다.

○ 생각이 다른 사람은 틀렸다고 하거나 무시하고 미워했습니다.

● 좋아하지 않는 이웃이 잘못되기를 바라고

　불행을 기대하기도 했습니다.

○ 하나님께 선택된 거룩하고 사랑받는 사람답게

　동정심, 친절, 겸손, 온유, 인내를 옷입게 해주십시오.

● 누구를 탓할 것이 있다 해도 서로 참고 은혜로이 용서하게 해주십

　시오. 일곱 번뿐 아니라 일곱 번씩 일흔 번이라도 용서하게 해주

　십시오.

○ 주님께서 저희를 사랑해 주시고 용서하신 것처럼 저희도 용서하

　게 해주십시오. 모든 것을 완성하는 사랑을 더하게 해주십시오.

◎ 주님! 자비를 베풀어 주십시오.

　예수님 이름으로 기도드립니다. 아멘.

십계명으로 드리는 회개기도 ⑦

출애굽기 20:1-17

● 사랑의 주님!
  주님은 "간음하지 말라." 하십니다.
○ 그러나 저희는 단순히 서로 너무 좋은 것을 넘어
  전인격적인 사랑을 나누려는 노력이 부족합니다.
● 때를 채우고 기다리는 마음이 부족하고
  무절제한 탐닉과 집착에 빠지기도 합니다.
○ 몸의 순결을 거스르는 말이나, 호기심으로 음란한 책이나 비디오,
  또는 그림을 보거나 이야기하거나, 듣기 좋아했습니다.
◎ 선정적인 생각과 장면을 떠올리며 그것을 즐기고 방치했습니다.
  주님, 자비를 베풀어 주십시오.
  예수님 이름으로 기도드립니다. 아멘.

십계명으로 드리는 회개기도 ⑧

출애굽기 20:1-17

● 저희에게 풍성한 것을 채워 주시는 주님,

주님은 "도둑질하지 말라." 하십니다.

○ 그러나 저희는 이웃에게 필요한 것을 강제로 달라고 하거나,

되돌려줄 것을 주지 않은 적이 있습니다.

● 어느 물건이 몹시 탐이 나서 몰래 가져가기도 했습니다.

○ 부당한 방법으로 후배의 돈을 빼앗았습니다.

뺏은 돈인 줄 뻔히 알면서도 같이 사용했습니다.

● 친구의 물건을 의도적으로 파손할 때가 있었습니다.

약한 친구에게 부당한 일을 시켰습니다.

○ 시험볼 때 남의 것을 베껴 썼습니다.

빌린 돈을 갚지 않았습니다.

남의 우편물을 뜯어보고 일기장을 훔쳐보았습니다.

◎ 주님, 자비를 베풀어 주십시오.

예수님 이름으로 기도드립니다. 아멘.

십계명으로 드리는 회개기도 ⑨

출애굽기 20:1-17

● 함께 하시는 주님!

주님은 "이웃에게 불리한 증언을 하지 말라." 하십니다.

○ 그러나 저희는 자신들을 위해 다른 사람 핑계를 대거나

거짓말을 해서 그 사람이 대신 피해를 입게 했습니다.

● 이웃을 인정하지 않고 무시했습니다.

중상과 비방으로 친구의 명예를 훼손했습니다.

○ 훼손한 명예를 회복시키려고 노력하지 않았습니다.

뒤에서 흉보고 비판했습니다.

● 사생활을 부당하게 침범했습니다.

나쁜 별명을 부르기도 했습니다.

○ 근거 없이 의심할 때도 있었습니다.

성급하게 남을 판단했습니다.

◎ 주님! 자비를 베풀어 주십시오.

예수님 이름으로 기도드립니다. 아멘.

십계명으로 드리는 회개기도 ⑩

출애굽기 20:1-17

● 함께 하시는 주님! 주님은 "남의 것을 탐내지 말라." 하십니다.

○ 그러나 저희는 저희에게 주어진 여건이 꼭 필요한 하나님의 축복
   과 사랑임을 잊고 다른 것을 욕심내며 살 때가 많습니다.

● 친구들이 하는 일을 질투하거나 잘못되기를 바라기도 합니다.

◎ 주님! 자비를 베풀어 주십시오.
   예수님 이름으로 기도드립니다. 아멘.

화평과 사랑을 위한 회개기도

로마서 3:10-18

● 주님! 저희는 마음이 옹졸하여 가장 가까운 주변에서마저
화평과 사랑을 위해 힘쓰기를 피하였습니다.

○ 제 업적만 내세우며 하나님을 잊고,
헤어날 길이 없을 때에야 겨우 할 수 없이 하나님을 찾았습니다.

● 이기심과 독선으로 이웃을 괴롭히고 제 자신에 도취되어
교만하고 거짓되고 욕심스러운 마음으로 사랑을 갖지 못했습니다.

○ 편협한 마음으로 불화를 초래했습니다.

● 제 사정에만 급급하여 이웃의 사정은 보지 않고
불화에도 길들어져 거북함을 못 느끼고 살았습니다.
이웃들이 넘어질 때 함께 걱정하기보다는 기뻐했습니다.

◎ 주님, 저희를 용서해 주십시오.
예수님 이름으로 기도드립니다. 아멘.

고난에 동참하기 위한 회개기도

로마서 3:10-18

● 주님! 저희는 어려움중에 있고 고난받는 사람을
   도와주기보다는 오히려 업신여겼습니다.

○ 겸손도 지혜도 없이 행동하여 유혹에 빠졌습니다.

● 베드로처럼 주님 은총보다 저희 자신을 더 믿었습니다.

○ 주신 선물을 남용했습니다.
   공동의 선을 추구하기보다 이기적 쾌락만을 찾았습니다.

● 자신과 남의 죄를 너무나 쉽게 변명하고
   합리화하며 살았습니다.

○ 죄악을 보고도 남의 탓으로 돌리고
   아무 반응 없이 지냈습니다.

● 서로 미워하고 다퉜습니다.
   서로 저주하고 의심했습니다.
   사람들이 싸울 때에도 방관만 했습니다.

◎ 주님, 저희를 용서해 주십시오.
   예수님 이름으로 기도드립니다. 아멘.

팔복으로 드리는 회개기도 ①

마태복음 5:1-10

● 주님! 주님은 가난한 사람은 행복하며
  하늘 나라가 그들의 것이라 하십니다.
○ 그러나 저희는 시간과 능력과 가진 것을
  저희 행복만을 위해서 사용하고 다른 이와 나누지 못했습니다.
● 집안의 가난을 부끄러워하고
  불만족스럽게만 여기며
  가족끼리 인격과 인정을 나누는 데 게을렀습니다.
○ 사치를 좋아하여 학생 신분에 맞지 않게
  돈과 필수품을 낭비했습니다.
◎ 주님, 자비를 베풀어 주십시오.
  예수님 이름으로 기도드립니다. 아멘.

팔복으로 드리는 회개기도 ②

마태복음 5:1-10

● 주님! 주님은 슬퍼하는 사람들은 행복하며
위로를 받는다고 하십니다.

○ 그러나 저희는 서로 세상의 행복과 구원을 막고
지연시키는 불의에 적절히 대응하지 못했습니다.

● 친구에게 괴로운 일이 생겨도
함께 슬퍼하지 못했습니다.

○ 하나님께 온전히 의탁하여
겸허한 자세로 예배드리지 못했습니다.

● 자신과 이웃의 구원에 대해
자세히 생각하며 살지 못했습니다.

○ 세상엔 참으로 많은 사람들이
불행 속에 아파하고 있음을 자주 기억하지 못했습니다.

◎ 주님, 자비를 베풀어 주십시오.
예수님 이름으로 기도드립니다. 아멘.

팔복으로 드리는 회개기도 ③

마태복음 5:1-10

● 주님! 주님은 온유한 사람은 복이 있어
  땅을 상속으로 받는다고 하십니다.

○ 그러나 저희는 친구들에게 따뜻하게 대해 주지 못했고,
  불친절하고, 무뚝뚝하게 대했습니다.

● 참을성 없이 행동하고 친구의 실수를
  용서해 주지도 못했습니다.

○ 주님, 온유함을 베풀어 주십시오.

◎ 예수님 이름으로 기도드립니다. 아멘.

팔복으로 드리는 회개기도 ④

마태복음 5:1-10

● 주님은 의에 주리고 목마른 사람은 복이 있어
　배부를 것이라고 말씀하십니다.

○ 그러나 저희는 온갖 거짓을 거부하지 못하고
　따돌림당할까봐 나쁜 일에 동참한 적이 있습니다.

● 그리고 우리의 갈증을 채워 주시는 하나님을
　목말라 하지 않았습니다.

○ 들뜬 마음으로
　헛되게 시간을 낭비할 때가 많았습니다.

● 감정을 억압하고 돌보지 않았습니다.

◎ 주님, 정의를 베풀어 주십시오.
　예수님 이름으로 기도드립니다. 아멘.

팔복으로 드리는 회개기도 ⑤

마태복음 5:1-10

● 주님은 자비한 사람은 복이 있어
　자비함을 입는다고 말씀하십니다.
○ 그러나 저희는 후배와 선배들을 용서하지 못한 채
　분통을 터뜨리며 그들을 가혹하게 판단했습니다.
● 능력이 있으면서도
　학교 봉사 단체나 교회 봉사를 피했습니다.
○ 격려가 필요한 사람을
　도리어 낙심시키기도 했습니다.
◎ 주님, 주님처럼 원수까지도 이해하고
　용서할 수 있도록 자비를 베풀어 주십시오.
　예수님 이름으로 기도드립니다. 아멘.

팔복으로 드리는 회개기도 ⑥

마태복음 5:1-10

● 주님! 주님은 마음이 깨끗한 사람은 복이 있어
　하나님을 본다고 말씀하셨습니다.

○ 그러나 저희는 저지른 잘못이 드러날까봐
　불안해하고 떳떳하지 못하게 살 때가 많았습니다.

● 저희에게 이익이 되도록 일을 꾸미거나
　다른 꿍꿍이 셈을 하며 살 때도 있었습니다.

◎ 주님, 저희의 마음을 깨끗하게 해주십시오.
　예수님 이름으로 기도드립니다. 아멘.

팔복으로 드리는 회개기도 ⑦

마태복음 5:1-10

● 주님! 주님은 평화를 이루는 사람에게 복을 내리시어
  주님의 자녀로 삼아 주십니다.
○ 그러나 저희는 화해보다는 분노를 버리지 못한 채
  보복을 생각하고 살 때가 있습니다.
● 제게 도움이 되는 친구만 사랑합니다.
◎ 주님, 평화를 베풀어 주십시오.
  예수님 이름으로 기도드립니다. 아멘.

팔복으로 드리는 회개기도 ⑧

마태복음 5:1-10

● 주님! 주님은 의로움 때문에 박해를 받은 이들에게
  하나님 나라를 선물로 주시며 복된 사람이라고 하십니다.
○ 그러나 저희는 같이 따돌림당할까봐 두려워
  따돌림당한 친구나 외톨이 친구를 도와주지 못했습니다.
● 교만하게도 신앙을 빈정거리는 말을 했습니다.
  사람들 앞에 신자인 것을 감추기도 했습니다.
○ 어떤 때는 신자인 것을 부인하거나 저버리는 일도 있었습니다.
  저희에게 고통이 올 때 좌절하고 원망하기만 했습니다.
● 그리스도께서 지신 십자가의 의미를
  시련 속에 부여하지 못했습니다.
○ 일상 생활 가운데서 주님의 뜻이 무엇인지
  찾으려고 노력하지 않았습니다.
◎ 주님! 평화를 베풀어 주십시오.
  예수님 이름으로 기도드립니다. 아멘.

죄책감 극복을 위한 회개기도
에스라 9:7-15

● 주님! 부끄럽고 송구스러워
　감히 얼굴을 들 수가 없습니다.
○ 저희의 죄악은 키를 넘었고
　저희의 허물은 하늘에 닿았습니다.
● 저희는 해서는 안될 일을 하다가
　수모를 당하고 있습니다.
○ 그러나 주님은 저희를
　애처롭게 보아 주셨습니다.
● 저희는 종살이하던 것들입니다.
　그러던 저희를 은총을 베푸시어 한숨 돌리게 하셨습니다.
○ 이런 은혜를 입고도 이제 또 하나님의 분부를 저버리다니
　무슨 할 말이 있겠습니까?
● 주님은 수없이 타일렀는데도
　저희는 해서는 안될 일을 반복해 왔습니다.
○ 저희가 어찌 이럴 수가 있습니까?
　노여우시어 씨도 없이 멸하신다 하여도
　저희는 할 말이 없습니다.
● 주님! 주님이 만일 너그럽지 않으셨던들

오늘 저희는 살아남지 못했을 것입니다.

○ 죄를 지니고 어찌 주님 앞에 나서겠습니까?

죄를 지닌 것들이기에 이렇게 주님 앞에 엎드렸습니다.

◎ 주님, 자비를 베풀어 주십시오.

예수님 이름으로 기도드립니다. 아멘.

십계명을 위한 회개기도

느헤미야 9:1-17

● 주님! 주님의 이름 위엄차시고 높으시어
　이루 다 기리고 노래할 수 없습니다.

○ 낮에는 구름기둥으로 인도하여 주시고
　밤에는 불기둥으로 길을 밝혀 주셨습니다.

● 지혜로워지라고 선한 영을 내려 주셨고
　굶주릴세라 생명의 양식을 끊지 않으셨습니다.

○ 목마를세라 바위에서 물을 터뜨리셨습니다.

● 옷이 헤질세라 발이 부르틀세라
　돌보셨습니다.

○ 그러나 저희는 거만해졌습니다.
　기어이 엇나가며 반역까지 하였습니다.

● 고집만 부리며 등을 돌린 채 듣지 않았습니다.

○ 마음을 돌이켜 생명의 법대로 살라고 아무리 타이르시고
　경고하셔도 저희는 막무가내였습니다.

● 주신 계명에 주목하지 않았습니다.
　그래도 주님은 버리지 않으셨습니다.

○ 용서받고 한숨 돌릴 만하면 또 주님께 거스르는 일을 하였습니다.

● 주님은 어떤 죄도 용서하시는 분,

애처롭고 불쌍한 꼴을 그냥 보아 넘기지 못하시고
○ 좀처럼 화를 내지 않으시는 분, 그 사랑 그지 없으십니다.
● 그렇듯이 무엄하고도 발칙하게 굴었지만
　주님은 마냥 불쌍히 보셨습니다.
○ 고통과 시련 못 견디어 부르짖기만 하면 들으시고
　마냥 불쌍히 여기시어 또다시 건져 주셨습니다.
● 높고, 힘 있으시고, 두려우신 주님!
○ 저희가 악한 행실에서 발길을 돌리게 해주십시오.
　자비 베푸시고 선한 본성을 회복시켜 주십시오.
◎ 예수님 이름으로 기도드립니다. 아멘.

바르게 살기 위한 회개기도

시편 15:1-8

● 주님! 저를 지켜 주십시오.
주님 앞에 떳떳하게 고개 들고
생활하지 못했지만 주님께 피신합니다.

○ 주님께 고백합니다.
주님께서는 저의 주님, 저의 행복 주님밖에 없습니다.

● 저희는 꼭 말해야 할 진리는 선포하지 못했고,
하지 말아야 할 험담과 비난을 즐겼습니다.

○ 미운 친구는 모둠에서 소외시키고 따돌렸습니다.
약속을 성실하게 이행하지도 못했습니다.

● 새 하늘 새 땅을 위해 용돈을 사용하지 못했습니다.
제가 받을 몫이며 제가 마실 잔이신 주님

○ 주님께서 저의 주사위를 잡고 계십니다.
저를 타일러 주시는 주님을 찬미합니다.

● 밤에도 제 양심을 통해 저를 일깨우십니다.
언제나 주님을 제 앞에 모시겠습니다.

○ 주님께서 저의 보호자가 되시니
흔들리지 않을 것입니다.

● 제 마음 기뻐하고 제 영혼이 뛰놀며

제 육신마저 편안히 쉬겠습니다.
○ 주님께서 제 영혼을 저승에 버려두지 않으시고
주님께 충실한 이에게 구렁을 보지 않게 하시기 때문입니다.
● 주님께서 생명의 길을 가르치시니 주님 앞에서 넘치는 기쁨을,
주님 곁에서 길이 평안을 누리겠습니다.
○ 그러므로 주님에 대한 생각이
숨쉬는 리듬과 같이 되게 해주십시오.
자비를 베푸시고 아름다운 본성을 회복시켜 주십시오.
◎ 예수님 이름으로 기도드립니다. 아멘.

사죄 청원기도

시편 25:1-22

● 주님!

제 영혼이 주님을 우러러 뵙니다.

○ 주님께 의지하오니

부끄러움당하지 않게 해주십시오.

● 주님의 지름길을 저에게 보여 주시고,

주님이 가시는 그 길을 제게 가르쳐 주십시오.

○ 주님의 진리 위에 제가 걷게 해주시고,

그 가르치심을 내려 주십시오.

● 주님은 한결같이 어질고 바르시니

주님의 이름을 생각하셔서라도

제가 저지른 큰 잘못을 고쳐 주십시오.

○ 제가 겸손하면 주님은 행복하고

옳은 길로 인도하십니다.

● 계약과 계명을 지키면

주님의 모든 길이 사랑이며 진리입니다.

○ 주님 홀로 이 발을 올무에서 건져 주시기에

저희가 언제나 주님만을 주목합니다.

● 저희를 돌아다 보시고 은혜를 베풀어 주십시오.

저희의 괴로움과 근심을 말끔히 씻어 주십시오.

○ 저희를 비참함과 고생에서 건져 주십시오.

저희의 불쌍하고 애달픔을 굽어보시고

● 저의 모든 죄악을 용서하여 주십시오.

제가 피신할 곳은 오직 주님뿐입니다.

○ 올바르고 흠없이 살아가도록 지켜 주십시오.

이 모든 고통에서 저를 지켜 주십시오.

◎ 예수님 이름으로 기도드립니다. 아멘.

사회적 무책임에 대한 회개기도

시편 41:1-12

● 주님! 자비를 베풀어 주십시오.

○ 사슴이 시냇물을 그리워하듯

   저희가 주님을 그리워합니다.

● 저희가 생명의 하나님을 목말라합니다.

○ 주님 얼굴을 언제 가서 뵈올 수 있습니까?

● 저희 잘못으로 몸과 마음이 쇠약해졌습니다.

○ 마음의 둑이 무너져 내려 신음합니다.

● 주님이 자애를 베푸시면

   우울의 늪에서 빠져나와 저희는 찬양할 수 있습니다.

○ 저희는 기도할 수 있습니다. 주님을 바라고 주목합니다.

● 작은 신음에도 응답하시니 저희는 주님만 바라봅니다.

   자비를 베푸시고 힘을 회복시켜 주십시오.

◎ 예수님 이름으로 기도드립니다. 아멘.

참자아를 발견하기 위한 기도

시편 51:1-19

● 한결같으신 주님 ! 주님의 사랑으로 자비를 베풀어 주십시오.

○ 주님의 따뜻한 사랑으로 제 무례를 지워 주십시오.

　주님 눈에 거스르는 일을 많이도 했습니다.

● 마음속의 성실과 진실을 기뻐하시는 주님 !

　제 마음을 주님의 지혜로 가득 채워 주십시오.

○ 우슬초로 제 잘못을 정결케 해주소서. 제가 깨끗하게 될 것입니다.

● 저를 말끔히 씻어 주십시오. 눈보다 희게 될 것입니다.

○ 비록 주님이 저의 뼈를 꺾으셨어도 기쁨과

　즐거움의 소리를 들려 주십시오.

● 제 속에 깨끗한 마음을 지어 주십시오.

　제 안에 헷갈림없는 굳건한 영을 심어 주십시오.

○ 주님의 거룩한 얼굴을 거두지 말고 제 입을 열어 주십시오.

　주님께 예배드리렵니다.

● 거짓예배를 드리지 않고

　주님이 원하시는 부서진 마음으로 예배드리렵니다.

○ 주님이 원하시는 꺾인 마음으로 경배하렵니다.

　낮추고, 찢긴 마음을, 마다하지 않으시는 주님께 찬양드리겠습니다.

◎ 예수님 이름으로 기도드립니다. 아멘.

잠자기 전 하루 성찰기도

시편 143: 1-12

● 용서하시는 주님! 저희는 주님 앞에 잘못을 저질렀습니다.

○ 낙심과 절망이 저희를 삼키도록 내버려 두었습니다.

● 제 얼굴이 아뜩해지고 제 마음이 얼어붙었습니다.

○ 저희 두 손 주님을 향하여 펼치고

　저희 영혼 메마른 땅처럼 주님께 향합니다.

● 주님 얼굴을 제게서 감추지 마십시오.

　그러시면 제가 수렁으로 빠집니다.

○ 주님을 신뢰하오니 아침에 주님의 자애를 입게 해 주십시오.

● 주님께 제 영혼을 들어올리오니 걸어야 할 길 제게 알려 주십시오.

○ 원수들에게서 저를 구하소서. 주님께 피신하나이다.

● 주님은 저의 하나님, 주님의 뜻 따르도록 저를 가르쳐 주십시오.

○ 주님의 선하신 얼이 저를 바른 길로 인도하여 주십시오.

● 주님 이름으로 저를 살려 주십시오.

　주님 정의로 저를 곤경에서 이끌어내 주십시오.

◎ 자비 베푸시고 인도해 주십시오.

　예수님 이름으로 기도드립니다. 아멘.

변화된 삶을 위한 회개기도

이사야 64:1-12

● 주님! 주님께서 하신 놀라운 일들은
저희가 생각지도 못했던 일들입니다.

○ 일찍기 아무도 들어 보지 못하고 보지 못한 일,
주님밖에 누가 이런 황홀한 일을 하겠습니까?

● 저희가 정의를 실천하고 주님의 길을
잊지 않았으면 얼마나 좋았겠습니까?

○ 그러나 저희는 부정하게 살았습니다.
기껏 잘했다는 것도 개짐처럼 더럽습니다.

● 저희는 나뭇잎처럼 시들었고
죄가 바람이 되어 저희를 휩쓸었습니다.

○ 주님 이름을 부르며 예배하지도 않았고
주님께 의지하려고 마음을 쓰지도 않았습니다.

● 주님이 저희를 외면하시면 저희는 각자 절망에 깔려 쓰러져 갑니다.

○ 주님! 주님은 저희의 아버지이시고 어머니 같으십니다.

● 저희는 진흙, 주님은 우리를 빚으신 이,
저희는 모두 주님의 작품입니다.

◎ 저희를 굽어살펴 주소서. 저희 죄 용서하시고 자비를 베풀어 주
십시오. 예수님 이름으로 기도드립니다. 아멘.

참여와 연대 부족에 대한 회개기도

다니엘 9:3-19

● 주님! 주님은 크고 두려우신 분입니다.

○ 저희는 못된 일만 하였고 비뚤어진 짓만 하였습니다.

● 사랑의 명령과 정의의 법을 어겼습니다.

○ 주님은 애처로운 이 모양이 가엾어 용서해 주셨지만
　 저희는 주님께 반항만 하였습니다.

● 예언자들을 시켜 서로 사랑하라고 호소하셨지만
　 저희는 듣지 않았습니다.

○ 그래서 저희는 재앙을 만나고 시련을 당했습니다.

● 곤경에 빠지고도 저희는 주님의 사랑을 깨닫지 못하였고
　 잘못을 뉘우치지 않았습니다.

○ 주님이 하시는 권고는 모두 옳으셨지만
　 저희는 그 말을 듣지 않았습니다.

● 주님! 저희를 가엾이 여기시고 굽어살펴 주십시오.

○ 저희가 무슨 잘한 일이 있다고
　 주의 은총을 빌겠습니까?

● 다만 주님의 크신 자비를 빌고 빌 뿐입니다.

◎ 주님의 명성을 살리시어 저희를 바로잡아 주십시오.
　 예수님 이름으로 기도드립니다. 아멘.

희망을 얻기 위한 회개기도

이사야 40:3-5

● 주님!

　주님은 저에게 오십니다.

○ 사막같이 메마른 제 마음에

　주님이 오실 길을 내드리지요.

● 주님은 저의 하나뿐인 주님이시기 때문입니다.

　황량하기만한 제 가슴에 주님이 오실 길을 닦으렵니다.

　상처로 패인 살갗 메우고,

　덕지덕지 닦지 않은 제 가슴이지만

○ 주님이 오실 길을 닦아야겠습니다.

● 비록 좁기만 한 가슴이지만 이 가슴을 통해서도

　주님 영광 드러내고

　모든 이들이 그 영화를 보기 때문입니다.

◎ 예수님 이름으로 기도드립니다. 아멘.

고백과 용서를 위한 회개기도
시편 32편

● 주님! 저는 주님에 대한 무례함을
합리화하며 얼버무리고 허물을 말없이 숨기려 합니다,
○ 그럴 때마다 오셔서 이 몸 깊은 데서부터 솟구치는
눈에 안 보이는 힘,
● 밤낮으로 양심의 가책이 제 삶을 짓눌러
저를 메마르고 공허하게 만듭니다.
○ 진실로 제 힘은 여름 한더위에 풀 시들 듯 쇠잔해졌습니다.
● 제 잘못을 시인하고 선선히 고백하겠습니다.
죄책으로 고통받던 제 마음 주님께 활짝 엽니다.
○ 죄사함의 복된 뜻을 깨우쳐 주시고
죄의 멍에를 풀어 주소서.
● 저희를 가르쳐 갈 길을 배우게 하고
저희를 눈여겨 보며 이끌어 주소서.
○ 철없는 말이나 노새처럼 되지 않게 해주십시오.
◎ 예수님 이름으로 기도드립니다. 아멘.

제3부
청원기도

주님 이름 거룩히 받들게 하소서

마태복음 7:9-13

● 주님! 주님은 저희와 함께 하시며
저희를 도우시는 친절한 아버지십니다.

○ 주님은 어머니처럼 부드럽고 친밀하신 분이십니다
주님은 스스로 존재하고 스스로 살아가십니다.

● 주님은 지고지순한 선과 사랑의 실재이십니다.

○ 뜻으로 충만하고 빛으로 가득한 분입니다.
오점없고 선하며 완전하고 순수하십니다.

● 크기와 부피와 넓이도 없으시고 측량 불가능한 초월자입니다.

○ 약자를 펀드시고 억압자를 내치시는 분입니다.
눌린 자를 상향 조정해 주시고 억압자를 하향 조정하십니다.

● 주님은 세상을 심판하시며 역사를 주관하십니다.
가난케도 부유케도 하십니다.

○ 쓰러뜨리기도 하시고 일으키시기도 하시는 분이십니다.

● 주기도 하고 가져가기도 하시는 분이십니다.
크게도 하고 작게도 하십니다.

○ 강하게도 약하게도 하십니다.
주님을 존경하고 경외하며 영화롭게 하고 싶습니다.

◎ 예수님 이름으로 기도드립니다. 아멘.

주님의 나라가 임하소서

마태복음 7:9-13

● 주님! 주님은 지금도 계시고
  전에도 계셨던 전능하신 하나님이십니다.
○ 저희가 주님의 나라 건설하는 역군이 되게 해주십시오.
  힘찬 기상으로 주의 진리를 익혀 새싹의 일꾼 되게 해주십시오.
● 주님의 나라는 우주적이며 종말론적 속성을 지니고 있습니다.
  주님의 나라는 세상 한복판에 존재합니다.
○ 주님의 나라는 주님의 삶과 부활 속에서 이미 완성되었습니다.
  주님의 나라는 올곧은 역사와 행복의 완성임을 믿습니다.
● 주님의 나라는 가난하고 사랑받지 못하고,
  억압당하는 형제들이 높여질 때 동터 오리라 확신합니다.
○ 주님의 나라는 그들과 연대하고 참여하며,
  조화와 친교를 이루고, 존경하며,
  생명 중심으로 살 때 움트리라 믿습니다.
◎ 예수님 이름으로 기도드립니다. 아멘.

주님의 뜻을 이루소서 ①

마태복음 7:9-13

● 함께 하시는 주님!

처음이요 끝인 주님에게 저희의 꿈과 이상을 말씀드립니다.

○ 주님의 손에 우리 여정을 맡깁니다.

모든 기도를 제 뜻대로 하지 마시고 주님 뜻대로 하십시오.

● 저희의 자유는 주님을 향해 방향을 잡을 때만 실현되기

때문입니다.

○ 주님의 자비가 저희의 악의를 극복할 수 있음을 믿습니다.

● 미움과 두려움, 죄의식과 열등감, 우울과 절망의 늪에 빠지지 말

고 햇살 같은 주님을 응시하며 살고 싶습니다.

○ 주님의 뜻은 이미 이루어졌고 아직 완성되지 않았습니다.

● 한 사람도 빠짐없이 각 사람 모두가 삶의 충만으로 세워지게

해주십시오.

○ 인간과 인간, 인간과 자연이 완전하게 연합하고 완성되게

해주십시오. 손수 주님께서 새 하늘 새 땅을 일으키소서.

● 주님의 제자로 살고 싶습니다.

실수를 겸허하게 인정하며 겸손히 주님을 의탁하며 살게 해주소서.

○ 슬프고 기쁜 일을 함께 나누는 인정 많은 사람 되기 원합니다.

◎ 예수님 이름으로 기도드립니다. 아멘.

주님의 뜻을 이루소서 ②

마태복음 7:9-13

● 함께 하시는 주님! 새로운 도약을 준비하되

　의로움에 굶주리고 목말라할 줄 알게 해주십시오.

○ 자비를 베풀며 살게 해주십시오.

　허황된 욕심과 자기 도취에 빠지지

　않고 깨끗한 마음을 가지고 살기 원합니다.

● 평화를 이룩하며 살게 해주십시오.

　모욕과 비난과 박해를 무릅쓰고 옳은 일을 행하며 살게 해주십시오.

○ 맡은 일에 최선을 다하여 세상의 소금과 빛이 되어 살게 해주십시오.

　올바른 행실의 빛을 사람들 앞에 비추며 살게 해주십시오.

● 형제에게 욕과 험담을 하지 않고 살게 해주십시오.

　헌금을 드리기 전 교우와의 화해를 먼저 실천하게 해주십시오.

○ 당당하고 단호하게 '예'와 '아니오'를 말하며 살게 해주십시오.

● 청하는 사람에게는 주고

　꾸어 달라는 사람을 물리치지 않게 해주십시오.

○ 원수까지 사랑하고 박해하는 사람을 위해 기도하며

　살게 해주십시오.

◎ 예수님 이름으로 기도드립니다. 아멘.

오늘 저희에게 필요한 양식을 주소서

마태복음 7:9-13

● 주님! 주님의 은총과 사랑과 자비로 모든 이를 먹여 주시니 감사
드립니다.

○ 영원한 생명을 나누어 주는 잔치로 저희를 이끌어 주십시오.

● 오직 나 한 사람의 밥만을 구하지 않기 원합니다.
작은 행복이라도 이웃과 교환하고 싶습니다.

○ 주님은 허기진 사람들을 사랑하시지요.
이웃을 생각하지 않고 어찌 내 배만 채울 수 있겠어요?

● 올바르게 사는 방법을 몰라 굶주리고 목말라하는 이들에게
생명의 양식을 나누게 해주십시오.

○ 벌거벗은 자에게 옷을 나누게 해주십시오.
목마른 자에게 음료를 나누게 해주십시오.

● 절박하게 보호가 필요한 이를 돌보게 해주십시오.

○ 부지런히 노동하여 양식을 마련하게 해주십시오.
탐욕스럽게 과식하지 않게 해주십시오.

● 저희 자신을 필요한 이에게 생명의 떡으로 내어주게 해주십시오.

○ 이마에 땀흘리며 일하게 해주십시오.

◎ 예수님 이름으로 기도드립니다. 아멘.

저희에게 잘못한 이를 용서하오니
저희 죄 용서하소서

마태복음 7:9-13

● 주님! 용서할 수 있도록 저희를 도와주십시오.

○ 주님의 사랑으로 형제자매를 용서하게 하시고 일곱 번뿐 아니라
일곱 번씩 일흔 번이라도 용서하게 해주십시오.

● 제단에 헌금을 드리기 앞서 먼저 친구와 화해하게 해주십시오.
용서해 주어야 할 때 얼굴이 굳어지지 않게 도와주십시오.

○ 부러진 갈대를 꺾지 않으시고 연기나는 심지도
꺼버리지 않으시는 주님을 본받고 싶습니다.

● 저희를 미워하고 괴롭히는 사람들의 악을 용서해 주십시오. 저희
가 없는데서 저희에 대해 험담하고 흉보는 이들을 용서해 주십시오.

○ 저희를 따돌리는 친구들의 마음을 용서해 주십시오.
저희는 이웃을 미워하거나 괴롭히지 않게 해주십시오.

● 저희는 본인이 없는데서 그 사람을 험담하거나 흉보지 않게 해주십
시오. 저희는 이웃을 따돌리지 말게 해주십시오.

○ 저에게 상처를 주고, 원망하고, 화를 내고, 벌을 주고,
다른 형제들을 더 귀여워하셨던 부모님을 용서하게 해 주십시오.

● 저에게 사랑을 충분히 주지 않고, 애정과 관심을 표시하지 않고,
함께 시간을 나누어 주지 않으신 아버지를 용서하게 해주십시오.

○ 저를 따돌리고, 비웃고, 미워하고, 원망하고, 부모님 사랑을 놓고

경쟁하고, 상처를 입히고, 심하게 대하고,
생활을 불쾌하게 만든 형제들을 용서하게 해주십시오.

● 우리 가정 일에 간섭하고, 혼란을 가져오고,
부모님 사이를 악화시킨 저의 친척들, 할머니, 할아버지,
삼촌과 이모, 고모와 다른 모든 사람들을 용서하게 해주십시오.

○ 제 생활을 괴롭게 만들고, 불쾌하게 하고, 자신의 일을 미루고,
험담으로 제 일을 협조하지 않고, 제 일을 빼앗으려는 친구들을
용서하게 해주십시오.

● 야단만 치고, 모욕적인 벌을 주고, 친구들 앞에서 창피를 주고,
방과후에 저를 남게 하여 혼을 낸 학교 선생님들을 용서하게 해
주십시오.

○ 저를 실망시키고, 필요로 할 때 도움을 주지 않고, 저에게서 돈을
꾸어간 뒤 되돌려주지 않은 저의 선배들을 용서하게 해주십시오.

● 제 자신이 부모님들에게 상처를 입힌 것이 대해 스스로를 용서할
수 있게 해주십시오.

◎ 무절제한 생활을 하고, 나쁜 책을 읽고, 음란한 생각을 행동으로
옮기고, 물건을 훔치고, 거짓말을 하고, 남을 속인 것을 용서해
주십시오. 예수님 이름으로 기도드립니다. 아멘.

저희를 유혹에 빠지지 말게 하소서 ①

마태복음 7:9-13

● 함께 하시는 주님!   저희를 샅샅이 캐어 보십시오.

○ 속속들이 저희 마음 뒤집어 보십시오.

　저희는 유혹에 자주 빠지는 존재입니다.

● 저희 본성은 균형이 잡히지 않고 허약합니다.

　저희는 여러 가지 한계에 묶여 있으면서 무한히 커지고자 합니다.

○ 저희는 땅에 단단히 비끄러져 매여 있으면서도

　은하계까지 도달하려고 합니다.

● 이 불협화음이 어떻게 교향곡으로 바뀔 수 없겠습니까?

　저희 본성의 허약한 면을 상향 조정해 주십시오.

○ 어떻게 하면 원수 맺기와 싸움, 시기와 질투, 당파심과 분열을 넘어

● 사랑과 기쁨, 화평과 인내, 친절과 선함, 신실과 온유

　그리고 절제의 꽃을 피울 수 있겠습니까?

◎ 도와주소서. 예수님 이름으로 기도드립니다. 아멘.

저희를 유혹에 빠지지 말게 하소서 ②

마태복음 7:9-13

● 함께 하시는 주님! 저희는 주님을 향하기도 하고
돈을 향하기도 합니다.
○ 생명을 선택하며 살게 해주십시오.
시련과 시험은 징벌만은 아닌 순화의 기능을 한다는
말씀을 믿습니다.
● 은을 풀무불에 시금하듯이
주님은 저희를 시련하십니다.
○ 자신의 한계를 받아들이는 데 주저하지 않게 해주십시오.
주님이 세상을 이기셨으니 용기를 갖게 해주십시오.
● 나태와 안일을 극복하게 도와주십시오.
교만한 이기주의와 결별하게 해주십시오.
◎ 주제넘는 생활을 청산하고 새로움에 끝없이 도전하게 해주십시오.
예수님 이름으로 기도드립니다. 아멘.

악에서 건져 주소서

마태복음 9-13

● 주님! 저희는 원하는 선은 행하지 않고
원하지 않은 악을 행합니다.
○ 얼마나 비참한 일입니까?
누가 이 죽음의 몸에서 저를 건져 주겠습니까?
● 불필요한 고민과 번뇌에서 구해 주십시오.
우울과 열등감의 늪에서 구해 주십시오.
○ 상실의 두려움에서 구해 주십시오. 흐릿함과 이기심에서 구해 주
십시오.
● 불신감과 선입견에서 구해 주십시오. 집착과 애착에서 구해 주십
시오.
○ 게으름과 나태함에서 구해 주십시오. 거만함과 거들먹 거림에서
구해 주십시오. 번잡함에서 구해 주십시오.
● 주님이 주시는 생명 다른 곳에서 찾는 것 구해 주십시오.
헛된 욕망과 바람을 누르고 주님께 마음 닫는 모든 것에서 구해 주
십시오.
○ 충동적인 감정을 다스릴 수 있는 인내와 절제의 힘을 주십시오.
생각하는 능력과 감성을 키워 악마에게 기회를 주지 않게 해주십시오.
◎ 예수님 이름으로 기도드립니다. 아멘.

노동의 실천을 위한 기도

데살로니가후서 3:6-10; 마태복음 25:14-30

● 주님! 생각하고, 계획하고, 일할 수 있는 능력을 감사합니다.
  상황을 호전시키며 운명을 개선하는 능력을 감사합니다.
○ 새 하늘 새 땅의 역사를 만들도록 불러 주심을 감사합니다.
  창조적 에너지를 햇살처럼 비추어 주시니 감사합니다.
● 저희 재능과 기술이 날로 향상되어 숙련되게 해주십시오.
  저희 재능과 기술이 역사를 전진시키는 데 쓰이게 해주십시오.
○ 타인의 희생으로 저희가 이권을 취하지 않게 해주십시오.
  힘없는 이들을 착취 하는 데 재능을 사용하지 않게 해주십시오.
● 부지런히 일하되 안달하지 않도록 도와주십시오.
  더 잘하는 법을 배우되 타인에게 상처 주지 않게 해주십시오.
○ 같이 일하는 동료들을 진정한 존경심으로 대하게 해주십시오.
  존엄성과 근면함으로 저희의 몫을 약자와 나누게 해주십시오.
● 저희의 독창성을 통해 주님 놀라우심을 펼치게 해주십시오.
  노동을 통해 저희 자아가 충만함으로 나아가게 해주십시오.
◎ 저희 모든 봉사가 사랑 가득한 마음에서 흘러나오게 해주십시오.
  예수 그리스도의 이름으로 기도드립니다. 아멘.

진리 탐구를 위한 기도

요한복음 8:31-32

● 지혜의 주님! 지혜롭게 깨우치고 학습 분야를 잘 터득하게 해주
  십시오.

○ 실망하거나 싫증내어 배움을 포기하지 않게 해주십시오.
  배움을 통해 성장할 수 있다는 큰 은총 잊지 않게 해주십시오.

● 배움을 소중히 하고 나 자신이 얼마나 무지한지 깨치게 해주십
  시오. 터무니없는 야망 지니지 않고 다만 근면하도록 도와주십시오.

○ 성공이라는 물신을 숭배하지 않고 다만 최선 다하도록 이끌어 주
  십시오. 주어진 일의 바른 순서를 찾게 해주십시오.

● 주어진 재능 바르게 사용하게 해주십시오.
  유혹을 거부하며 진리 앞에서 겸손하게 해주십시오.

○ 재능이 처지는 이에게 너그럽게 해주십시오.
  배우는 것보다 더 무한한 것 보게 해주십시오.

● 주어진 기회를 감사하며 선용하게 해주십시오.
  주어진 재능을 은혜롭게 개발하게 해주십시오.
  학습한 것을 진리와 정의를 추구하는데 사용하게 해주십시오.

○ 일생을 통해 배우고, 모든 이를 스승으로 삼아
  비추시는 주님의 빛을 외면하지 않게 해주십시오.

◎ 예수님 이름으로 기도드립니다. 아멘.

미디어 선용을 위한 기도

시편 23:1-6

● 주님! 아무리 지루함을 달래 준다 해도
  텔레비전은 주님 같은 목자는 아닙니다.
○ 비록 그것이 푹신한 소파에 눕게 하며
  화면에서 시선을 떼지 못할 만큼 재미있어도
  저의 목자가 아닙니다.
● 어떤 프로그램은 제 영혼을 소멸시키고 자기 이름을 위하여
  쇼와 오락의 길로 안내합니다.
○ 드라마와 쇼 프로그램은 저를 안위하기도 하지만.
  많은 장면은 폭력과 적개심을 부추기기도 합니다.
● 이 기계는 세상의 잡다한 쓰레기들을 무수히 알게 하고
  기도 시간마저 빼앗아 가니 머리를 텅텅 비우기도 합니다.
○ 웃기고 재미있는 텔레비전 프로그램만을 즐기지 않게 해주시고
  제가 아름답고 선한 장면에 관심가지게 하소서.
◎ 예수님 이름으로 기도드립니다. 아멘.

성령임재를 위한 기도 ①

사도행전 1:4-9;2:1-3

● 주님! 어서 오십시오.

　제 안에서 빛을 발하시어 올곧은 것을 생각하게 하소서.

○ 저를 움직이시어 믿음 생활을 하게 하소서.

● 저를 부추기시어 사랑을 실천하게 하소서.

○ 저를 강하게 하시어 희망을 보존하게 하소서.

● 주님의 빛 없이는 아무것도 죄 아닌 것 없으니 더러운 것 씻으소서.

○ 마른 것 물주시고, 병든 것 낫게 하시고 굳은 것 부드럽게 하소서.

　찬 것을 덥히시고, 굽은 것 곧게 하소서.

◎ 사랑을 쌓는 덕을 주시어 영원한 생명과 무궁한 복을 주소서!

　예수님 이름으로 기도드립니다. 아멘.

성령임재를 위한 기도 ②

사도행전 1:4-9;2:1-3

● 주님! 저는 누구입니까?

　 저는 누구이며 무엇하는 사람입니까?

○ 저는 누구의 것이며,

　 무슨 일을 해야 할 몸입니까?

● 제가 누리는 자유의 범위는 어디까지이며

　 저는 예수님과 어떤 관계입니까?

○ 제 인생은 한낱 풀포기, 그 영화는 들에 핀 꽃과 같습니다.

● 풀은 시들고 꽃은 지고 마는 것,

　 스쳐가는 주님의 입김에 저는 실로 풀과 같은 존재입니다.

○ 주님! 풀은 시들고 꽃은 지지만

　 주님의 말씀은 영원히 서있을 것입니다.

● 그러므로 저의 존재와 삶은

　 주님처럼 헐벗고 굶주린 이웃과 함께 울고 웃는

　 그런 삶이 되게 해주십시오.

◎ 예수님 이름으로 기도드립니다. 아멘.

주님 사랑을 본받기 위한 기도

고린도전서 13:3-7

● 주님, 사랑하고 싶고, 사랑받고 싶습니다.

　사랑받을 때 저는 생명의 가치를 느낍니다.

○ 사랑받을 때 저는 소중한 목숨이라고 느껴집니다.

　사랑받을 때 저의 인격이 자라나는 것을 느낍니다.

● 사랑할 대상이 없으면 저의 마음속에

　큰 구멍이 뚫어지는 것을 느낍니다.

○ 주님의 사랑을 따라 살고 싶습니다.

　주님의 사랑따라 너그럽게 살고 싶습니다.

● 주님의 사랑따라 친절하게 살고 싶습니다.

　주님의 사랑따라 시기하지 않기 원합니다.

○ 주님의 사랑따라 허세부리지 않기 원합니다.

　주님의 사랑따라 교만하지 않기 원합니다.

● 주님의 사랑따라 무례하지 않기 원합니다.

　주님의 사랑따라 제 것만을 찾지 않기 원합니다.

○ 주님의 사랑따라 분통 터뜨리지 않기 원합니다.

　주님의 사랑따라 불의를 기뻐하지 않기 원합니다.

● 주님의 사랑따라 진리만 추구하기 원합니다.

　주님의 사랑따라 모든 것을 덮어 주기 원합니다.

○ 주님의 사랑따라 모든 것을 믿기 원합니다.
  주님의 사랑따라 모든 것을 바라기 원합니다.
◎ 주님의 사랑따라 모든 것을 견디기 원합니다.
  예수님 이름으로 기도드립니다. 아멘.

행복을 위한 기도

시편 16:1-11

● 주님, 저를 지켜 주십시오. 주님께 피신하는 이 몸입니다.

○ 저의 주님께 아뢰오니

   주님의 저의 하나님, 저의 행복은 오직 주님께 있습니다.

● 오 주님, 주님은 제 몫, 제 잔이시며,

   제가 받을 상이 바로 주님이십니다.

○ 저를 위해 할당된 기름진 땅, 저의 즐거움이니,

   진실로 저에게 떼어 주신 상속을 반깁니다.

● 좋은 생각 주시는 주님을 찬미하리니

   밤에도 제 마음 이끄십니다.

○ 주님을 제 앞에 모시며

   제 곁에 계시기에 흔들림이 없습니다.

● 주님은 저에게 생명의 길을,

   주님 앞에서 흐뭇한 기꺼움을,

◎ 주님 곁에서 영원히 누릴 행복함을 보여 주십니다.

   예수님 이름으로 기도드립니다. 아멘.

믿음을 얻기 위한 기도 ①

시편 48:8-11

● 주님! 주님 집에 와보니 듣던 대로
  주님을 따르는 모든 이들을 언제나 지켜 주십니다.
○ 저도 주님 성전에서 주님 사랑을 되새깁니다.
● 주님 이름에 어울리게 주님을 찬양하는 소리
  땅끝까지 들립니다.
○ 주님이 하시는 일은 오로지 옳사오니
  주님의 공정하신 심판에 온 겨레가 기뻐하고
● 주님을 따르는 모든 이들이 즐거워합니다.
◎ 주님! 이제야 주님을 찾은 게으른 저를
  주님 사랑으로 깊이 안아 주십시오. 아멘.

믿음을 얻기 위한 기도 ②

이사야 38:16-17

● 주님! 온 마음으로 주님을 주목하며 살겠습니다.

○ 갈팡질팡하는 마음을 진정시켜 주시고 살려 주십시오.

● 이제 슬픔은 가시고 평화가 왔습니다.

　주님은 저를 멸망의 수렁에서 건져 주셨습니다.

○ 저의 역할 혼돈을 주님의 뒤로 던지겠습니다.

　오직 주님만이 저의 생명이시고 구원이시기 때문입니다.

◎ 제 뜻대로 하지 마시고 주님 뜻대로 하여 주십시오.

　예수님 이름으로 기도드립니다. 아멘.

바른 행동을 위한 기도

고린도전서 16:13-14;고린도후서 8:7

● 주님!

　새 하늘 새 땅을 향해 늘 깨어 있기 원합니다.

○ 주님을 향한 굳건한 믿음으로

　씩씩하고 용감한 사람 되기 원합니다.

● 저의 모든 일을 사랑으로 처리하기 원합니다.

　저는 주님 은총으로 모든 일에 힘을 얻습니다.

○ 주님을 사랑하게 되었기에

　믿음도, 말도 성장하기 원합니다.

● 지식도, 열성도, 선행도 넘쳐흐르기 원합니다.

　저의 모든 것을 주님에 대한 사랑으로 바치기 원합니다.

◎ 제 뜻대로 하지 마시고 주님 뜻대로 하여 주십시오.

　예수님 이름으로 기도드립니다. 아멘.

주님의 사랑을 본받기 위한 기도

고린도전서 13:1-3, 12-13; 요한1서 4:7-12

● 주님! 주님은 제가 청산유수로 말을 잘하고

○ 천사의 언어로 우아하게 말한다 할지라도

　사랑이 없다면 소리나는 징이나 요란한 꽹과리에

　지나지 않는다고 꾸짖으십니다.

● 제가 예언하는 은사를 가지고 있고

○ 모든 신비와 모든 지식을 알고 있으며

　산을 옮길 만한 믿음을 가지고 있다 할지라도

● 사랑이 없다면 저는 아무것도 아니라고 하십니다.

　아끼는 물건을 선물하고 몸마저 내준다 할지라도

○ 사랑이 없다면 제게 조금도 이로울 것이 없음을 깨우쳐 주십니다.

● 주님! 온 힘으로 주님을 사랑하게 해주십시오.

　주님께서 먼저 보여 주신 그 사랑으로

　제 자신과 이웃과 자연을 사랑하게 해주십시오.

○ 주님이 저희 안에 머물도록

　주님 사랑이 저희 안에서 완전해지도록

　주님으로부터 온 사랑을 실천하게 해주십시오.

● 자신과 이웃을 더 많이, 더 깊이 서로 사랑하면

　지금은 거울을 통해 어렴풋이 보고 있는 주님을

대면하여 뵈올 것이라는 주님 말씀 믿습니다.

○ 자신과 이웃을 더 많이, 더 깊이 서로 사랑하면
지금은 제가 누구인지 부분적으로 알지만

● 저희가 이미 주님께 온전히 알려진 것처럼,
점점 온전히 알게 될 것이라는 주님 말씀 확신하오니
기도의 열매인 믿음을 주십시오.

○ 믿음의 열매인 희망을 주십시오.
희망의 열매인 사랑을 주십시오.

● 주님이 사랑하시는 모든 것을 사랑하도록
저를 사랑으로 불타게 해주십시오.

◎ 예수님 이름으로 기도합니다. 아멘.

말씀을 실천하기 위한 기도

시편 42:1-3

● 하나님! 주님의 얼굴을 언제 가서 뵈어야 합니까?

○ 제가 언제까지 역할 혼돈에 잠겨 있어야 합니까?

　제 낯을 살려 주시는 하나님을 원합니다.

● 암사슴이 시냇물을 그리워하듯, 제 영혼 주님을 그리워합니다.

○ 제가 생명의 하나님을 애타게 목말라 합니다.

● 흠없이 걸어가고 정의롭게 생활하며 진실만을 말하기를 원합니다.

○ 쏘다니며 비방하는 데 혀를 사용하기 않게 하시고

　벗에게 악을 행하지 않으며, 모욕을 주지 않기 원합니다.

● 주의 말씀은 제 발의 등불이요,

　제 길의 빛이십니다.

○ 주님 말씀이 영원히 저의 재산이며

　주님 말씀이 저의 기쁨입니다.

◎ 그 말씀을 실천하며 마음을 기울이기 원합니다.

　예수님 이름으로 기도드립니다. 아멘.

주님의 사랑을 받기 위한 기도 ①

요한1서

● 사랑의 주님!

　주님은 언제나 저희를 기다리고 계시지요?

○ 주님을 항상 외롭게 기다리게만 해서 미안합니다.

　언제나 주님 사랑의 영을 느끼면서 살고 싶습니다.

● 저희에게 지혜와 슬기를 주셔서

　어려움과 고민을 이기게 해주십시오.

○ 주시는 기쁨과 행복을 얻고 싶습니다.

　주님의 영을 사람들에게 나타내면서 살고 싶습니다.

◎ 주님을 닮아 세상의 물질과 쾌락만을 좇거나

　돈만을 자랑하지 않고 살고 싶습니다.

　예수님 이름으로 기도드립니다. 아멘.

주님의 사랑을 받기 위한 기도 ②

요한1서

● 누구에게나 친절하신 주님!

　저희를 사랑하시기 위해 목숨을 내놓으셨지요.

○ 이제야 사랑이 무엇인지 알겠습니다.

　친구를 위해서 목숨을 내놓으시라는 말씀이시지요.

● 말로나 혀로만 사랑하지 않고

　행동으로 진실하게 사랑하겠습니다.

◎ 예수님 이름으로 기도드립니다. 아멘.

주님의 사랑을 받기 위한 기도 ③

요한1서

● 하나님! 보내 주신 성령을 환영합니다.

서로 사랑하면 하나님의 영이 저희 안에 계시고

○ 또 하나님의 사랑이 저희 안에 이미 완성되었다니 찬미드립니다.

● 하나님, 사랑합니다!

주님과 사귀면 두려움이 없어지고

완전한 사랑이 두려움을 몰아낸다고요.

● 눈에 보이는 친구를 사랑하지 않으면서

어떻게 보이지 않는 주님을 사랑할 수 있겠습니까?

○ 주님! 당시의 계명을 지키는 것이

곧 주님을 사랑하는 일이라고요.

● 이 사랑에 빠지면 누구나 세상을 이기게 된다니 신바람납니다.

세상을 이기는 승리의 길은 우리의 믿음이라니

◎ 주님을 더욱 가까이 하고 싶습니다.

예수님 이름으로 기도드립니다. 아멘.

결실있는 하루를 위한 기도

잠언 16:3; 시편 51:10; 빌립보서 4:9

● 주님! 오늘도 주님을 닮은 삶을 살기 원합니다.

○ 주님이 바라시는 목표까지 걸어가게 해주십시오.

저희가 오늘 하루일에만 급급하지 않게 해주십시오.

● 제 인생의 먼 훗날까지 생각하며 살 수 있는 판단력을 주십시오.

잘못된 판단으로 일을 그르치지 않도록 지혜를 주십시오.

○ 밭갈고 씨뿌리듯이 지혜를 가꾸게 해주십시오.

바르고 선한 것을 배우고 실천하게 해주십시오.

● 뱀같이 슬기롭고 비둘기같이 순결하게 해주십시오.

공부하는 동안 힘들어도 굳은 의지를 주십시오.

○ 오늘 하루 일을 맡기오니 어떠한 경우에도

절망하거나 포기하지 않게 해주십시오.

● 위험에서 저를 지켜 주십시오.

성실한 일과 기도로 감사하며 살도록 살피소서.

○ 주님 계명을 굳게 지키게 도와 주십시오.

헛된 일에 젊음을 허비하지 않고 겸손하게 살도록 살펴 주십시오.

● 주님의 빛을 비추며 주님의 향기를 내게 해주십시오.

◎ 모든 걱정 주께 바치고 용기있게 살게 해주십시오.

예수님 이름으로 기도드립니다. 아멘.

행복을 위한 기도

시편 1: 1-6

● 주님 ! 제가 바라는 것이 아니라

○ 주님이 바라시는 것을 간구합니다.

　이 세상에 무분별한 애착을 갖지 않게 해주십시오.

● 저희가 불신자들의 뜻을 따라 걷지 아니하고,

　죄인들의 길에 들어서지 않으며

○ 막가는 무리에 섞이지 않게 하시고

　오로지 주님의 가르침을 좋아하고

● 시냇가에 심어진 나무같이 밤낮으로 주님의 법을 되새기게 해주십

　시오.

○ 제때에 열매를 내며 잎이 시들지 않는 나무처럼

　제가 하는 일마다 나아가게 해주십시오.

● 한갓 바람에 흩날리는 먼지 신세가 되지 않게 해주십시오.

○ 심판받을 그 때에

　머리들지 못하는 신세 되지 않게 해주십시오.

　멸망의 길을 걷는 불신자의 길을 걷지 않게 하여 주십시오.

● 주님이 보살펴 주시는 의로운 길을 걷게 하여 주십시오.

　제가 바라는 것이 아니라 주님이 뜻하시는 것을 이루어 주십시오.

◎ 예수님 이름으로 기도드립니다. 아멘.

행복한 가정을 위한 기도

시편 127:1-5

● 주님! 주님을 떠나서는 저희가 열매를 맺을 수 없습니다.

○ 가족들의 수고가 헛되지 않도록

　주님께서 손수 저희 집을 세워 주십시오.

● 저희들의 깨어 있음이 헛되지 않도록

　주님께서 저희 집을 지켜 주십시오.

○ 새벽에 일찍 일어나고, 밤 늦게야 잠자리에 드는 것도,

● 먹으려고 애쓰는 것도 주님의 말씀 안에서만

　헛되지 않다는 것을 기억하게 해주십시오.

○ 오만하지 않고 거창한 것을 따라나서지 않게 해주십시오.

　주제넘는 것을 찾아 헤매지도 않게 해주십시오.

● 일벌레가 되지 않도록 저희를 이끌어 주십시오.

○ 저의 가족이 하나님의 나라와

　주님께서 의롭게 여기시는 것을 먼저

　구하는 데 힘쓰게 해주십시오.

● 주님의 사랑어린 빛을 받아야 편안히 잠들 수 있습니다.

○ 가족 모두는 주님이 주신 선물임을 잊지 않게 해주십시오.

　주님을 경외하고 그 계명을 즐거움으로 삼아 복되게 해주십시오.

● 너그럽고 자비로우며 의롭게 살아 어둠 속의 빛이 되게 해주십시오.

○ 관대하게 나누어주고 모든 일을 공정하게 처리하여
  명예롭게 살게 해주십시오.

● 나쁜 소식에 두려워하지 않고 주님을 굳게 신뢰하게 해주십시오.
  주님은 저희의 피난처요 방패시오니
  그 말씀에 희망을 두게 해주십시오.

○ 주님의 계명을 지키도록 붙들어 주시어 생명을 살려 주십시오.
  저희를 붙들어 주십시오.
  말씀을 늘 살펴 구원받게 해주십시오.

◎ 예수님 이름으로 기도드립니다. 아멘.

진실해지기 위한 기도

시편 15:1-5

● 주님!

누가 주님 계신 곳에서 살 수 있는 사람입니까?

○ 누가 주님의 거룩한 산에 머무를 사람입니까?

흠없이 깨끗한 삶을 살게 해주십시오.

● 바르게 살게 해주십시오.

마음으로 진실을 말하게 해주십시오.

○ 남의 허물을 들추지 않게 해주십시오.

이웃에게 해를 끼치지 않게 해주십시오.

● 친구를 욕하지 않게 해주십시오.

모든 사람을 존중하게 해주십시오.

○ 약속한 것은 손해가 되더라도

변함없이 지키게 해주십시오.

◎ 참되게 사는 데 흔들리지 않게 해주십시오.

예수님 이름으로 기도드립니다. 아멘.

정화되기 위한 기도

시편 19:5-10

● 주님! 주님은 한결같이 완전하여서 저희에게 생기를 돋우어 줍니다.

○ 주님의 법도는 변함없이 참되어서

어수룩한 이를 슬기롭게 깨우쳐 줍니다.

● 주님의 분부는 그릇됨없이 정직하여서

저희의 마음을 기쁘게 합니다.

○ 주님의 계명은 순수하여서 저희의 눈을 밝혀 줍니다.

● 주님의 말씀은 티없이 맑아서 영원히 흔들리지 아니합니다.

○ 주님 계명은 참되어서 한결같이 옳습니다.

● 주님 교훈은 금덩이보다 더 좋고 꿀보다 더 답니다.

○ 그러므로 저희가 그 교훈을 지켜 푸짐한 상을 받습니다.

● 그러나 허물을 어느 누가 낱낱이 알겠습니까?

숨기거나 미처 깨닫지 못한 잘못까지 말끔히 씻어 주소서.

○ 반석이며 구원자이신 주님 저희의 생각과 말이

◎ 언제나 주의 마음에 들기를 원합니다.

예수님 이름으로 기도드립니다. 아멘.

텅 .빈 마음을 위한 기도

시편 42-43편

● 주님! 사슴이 시냇물을 그리워하듯

　저는 주님을 타는 목마름으로 그리워합니다.

○ 생명을 주시는 주님을 애타게 갈망합니다.

　주님의 얼굴을 언제나 가서 뵈올 수 있겠습니까?

● 왜 제가 이렇게 낙심하며 괴로워합니까?

　왜 제가 이렇게 신음하며 불안해합니까?

○ 왜 제가 시름에 잠겨 서럽게 지냅니까?

　저의 구원자, 주님을 기다리게 해주십시오.

● 저의 반석, 주님을 찬양하게 해주십시오.

　주님 사랑의 빛줄기 제게 내리시면 저는 찬양을 드립니다.

○ 주님 평화의 빛줄기 제게 비추시면 저는 기도를 올립니다.

● 주님의 빛 주님의 진실을 길잡이로 보내시어

　주님 계신 거룩한 산으로 이끌어 주십시오.

◎ 애절한 그리움을 채워 주십시오.

　예수님 이름으로 기도드립니다. 아멘.

도움받기 위한 기도

이사야 33:1-6., 14-16

● 주님! 저희에게 은혜를 베풀어 주십시오.

　저희는 주님만 바라봅니다.

○ 아침마다 저희의 능력이 되어 주시고

　어려울 때에 구원이 되어 주십시오.

● 주님께서 한 번 호령하시면 허물있는 자 허둥지둥 달아납니다.

○ 주님께서 한 번 일어나시면 부정한 자 뿔뿔이 도망칩니다.

　주님은 참으로 위대하십니다.

● 저 높은 곳에 계시면서도 이 땅을 공평하고 바르게 이끄십니다.

○ 주님을 경외하는 것이 가장 큰 보배입니다.

　주님의 말씀을 따라 의롭게 살게 해주십시오.

● 바르고 정직하게 말하게 해주십시오.

　남의 물건을 강제로 빼앗는 일은 아예 생각하지도 않게 해주십
시오.

◎ 친구를 따돌리자는 모함을 듣지 않도록 귀를 막게 해주십시오.

　예수님 이름으로 기도드립니다. 아멘.

치유를 위한 기도

예레미야 17:14-18

● 주님! 한 말씀만 하시어

　저를 어루만져 주시고 마음의 상처를 고쳐 주십시오.

○ 그러면 제가 나을 것입니다.

● 그러면 제가 건강해질 것입니다.

○ 주님은 제가 찬양할 분이십니다.

　부모와 형제들로부터 받은 편애의 상처를,

● 친구들에게 따돌림당하며 받은 소외감을,

　이사할 때의 불안감을,

○ 못생긴 얼굴로 인한 우울한 마음을,

　시험에 대한 불안을,

● 입시를 앞둔 긴장과 두려움을,

　인정받지 못할 때의 열등감을,

○ 제가 누구인지 모를 때 혼란스러움을,

　허황된 욕심과 공주병을,

● 성급함과 충동적인 감정을,

　나태와 교만을 고쳐 주십시오.

◎ 예수님 이름으로 기도드립니다. 아멘.

사랑의 신비경험을 위한 기도

에베소서 3:14-21

● 주님! 주님은 하늘과 땅에 있는 각 사람을 의미있게 만드십니다.

○ 주님의 풍성한 영광으로, 주님의 성령을 시켜,

　저마다의 정신을 굳세게 해주십시오.

● 저희의 믿음으로 그리스도를 저희의 마음속에 머물러 계시게 해주십

　시오.

○ 저희가 사랑에 뿌리를 박고 사랑을 기초로 하여 살게 해주십시오.

● 모든 교우와 함께 주님의 사랑의 깊이가 어떠한지를 깨닫게 해주십

　시오.

○ 사람의 머리로는 도저히 알 수 없는

　지식을 초월하는 주님 사랑을 알게 해주십시오.

● 이렇게 해서 하나님의 온갖 충만함으로

　인격이 완성되고 주님 계획이 완전히 이루어지게 해주십시오.

○ 저희 가운데 활동하시는 주님의 능력을 힘입게 해주십시오.

　주님은 저희가 청하거나 생각하는 것 이상으로

● 훨씬 더 풍성하게 많은 일을 해주실 수 있으십니다.

　주님에게만 영광이 영원히 있습니다.

◎ 예수님 이름으로 기도드립니다. 아멘.

꿈의 성취를 위한 기도

빌립보서 3:12-16

● 주님 ! 저는 주님이 주신 희망을 이미 얻지도 완수하지도 않았습니다.

○ 다만 저희가 주님께 사로잡혔으므로

그 희망을 붙들려고 달음질할 뿐입니다.

● 주님이 저를 붙드신 목적이 바로 그것입니다.

뒤에 있는 것을 잊고 앞에 있는 것만 바라보면서

○ 목표를 향해 몸을 내뻗쳐 달음질하게 해주십시오.

주님은 저를 부르셔서 높은 곳에 살게 하십니다.

● 그것이 저의 목표이며 제가 바라는 상입니다.

이와 같은 마음가짐으로 한결같이 살아가게 해주십시오.

○ 이미 이룬 것을 바탕으로 더 앞으로 나가게 해주십시오.

제 이익을 채우는데 만 급급하지 않게 해주십시오.

● 수치를 자랑으로 삼지 않게 해주십시오.

소유하고 혼자 즐기는 일에만 마음을 두며 살지 않게 해주십시오.

○ 나누고 더불어 살아가는 자녀로 살게 하소서. 모든 것을 다스리

는 능력을 가지신 주님을 중심으로 살게 해주십시오.

● 보잘것없는 사람을 영광스럽게 변화시키시는

주님을 중심으로 살게 해주십시오.

◎ 예수님 이름으로 기도드립니다. 아멘.

역사의 진보를 위한 기도

빌립보서 4:4-9

● 주님! 주님 안에서 항상 기뻐하게 해주소서.

　저희의 친절이 모든 사람에게 알려지도록 도와주소서.

○ 아무것도 염려하지 말고 모든 일을 기도로 아뢰게 해주소서.

● 바라는 것을 감사하는 마음으로 주님께 아뢰게 해주소서.

○ 우리의 헤아림을 뛰어넘는 주님의 평화가

　저희의 마음과 생각을 지켜 줄 것을 믿습니다.

● 무엇이든지 참된 것을 추구하게 하소서.

　무엇이든지 고상한 것을 추구하게 하소서.

○ 무엇이든지 옳은 것을 추구하게 하소서.

　무엇이든지 순결한 것을 추구하게 하소서.

● 무엇이든지 사랑스러운 것을 추구하게 하소서.

　무엇이든지 명예로운 것을 추구하게 하소서.

○ 무엇이든지 덕이 되는 것을 추구하게 하소서.

　무엇이든지 칭찬받을 만한 것을 추구하게 하소서.

● 평화의 하나님께서 저희와 함께 머무시도록

　주님에게서 배우고 받고 듣고 본 것을 실천하도록 도와주소서.

◎ 예수님의 이름으로 기도드립니다. 아멘.

창조적 데이트를 위한 청원기도

아가서 6:8-14., 요한1서 4:7-12

● 주님! 주님은 사랑 그 자체이십니다.

○ 주님이 선물로 보내 주신 이성 친구는

　이름만 들어도, 보기만 해도 혼을 뒤흔들어 놓습니다.

● 때로는 부드럽게 때로는 정열적으로

　서로에게 이끌리는 이 신비한 힘에 대해 감사드립니다.

○ 그 친구를 만나면 즐거움 끝간 데 없습니다.

　세상이 아름답고 황홀하게만 보이고 자신감도 생깁니다.

● 오늘 데이트에서 놀라운 주님의 생명의 향기를 맡으며

　아름다운 교제가 되도록 이끌어 주십시오.

○ 주님의 사랑을 나누어 가지도록 도와주십시오.

　서로가 보호하고 존경하며 시간을 보내게 해주십시오.

● 그 안에 우정과 정직성과 신뢰가 저희 사이에 머물러

　우리의 인격이 자라게 해주십시오.

　서로의 성장에 자극을 주는 대화를 나누게 해주십시오.

○ 주님의 선물을 천박한 농담이나 소유욕으로

　가슴아프지 않게 해주소서.

● 주님의 사랑은 완전하고 순수하여

　즐거운 것임을 보이게 해주십시오.

○ 저희의 모든 것을 주님께 맡기며,
주님의 말씀에 보조를 맞추게 해주십시오.
● 저의 이성 친구에게서
주님의 선하심을 발견하여 기뻐하게 해주십시오.
○ 친구에게 저의 올바른 모습과 장점을 다정다감하게 표현하여
서로간에 진실한 사랑이 자라게 해주십시오.
● 친구의 마음에 상처를 입히지 않게 해주십시오.
유혹을 피할 수 있게 해주십시오.
◎ 우리 사랑이 주님 사랑을 닮게 해주십시오.
예수님 이름으로 기도드립니다. 아멘.

건강한 교제를 위한 기도

데살로니가전서 4:1-12

● 주님! 저희가 어떻게 살아야 주님을 기쁘게 해드리겠습니까?

주님 뜻대로 저희 교제와 삶이 건강하기를 원합니다.

○ 이중 인격을 품고 이성 친구를 대하지 않도록 도와주십시오.

한 마음을 품고 친교를 나누도록 도와주십시오.

● 저마다 거룩하고 존중하는 마음으로

자매형제를 대하게 해주십시오.

○ 주님을 알지 못하는 불신자처럼

격한 욕정에 사로잡히지 않게 해주십시오.

● 또 탈선하여 자매형제의 권리를 침범하거나

해를 끼치지 않도록 노력하게 해주십시오.

○ 주님이 저희를 불러 주신 뜻대로 깨끗하게 살게 해주십시오.

● 친구간에 온 힘으로 사랑으로 대하게 해주십시오.

저희가 맡은 일에도 전념하게 하게 해주십시오.

○ 아무에게도 신세지지 않고

스스로 일하는 것을 자랑으로 여기게 해주십시오.

◎ 예수님 이름으로 기도드립니다. 아멘.

제4부
중보기도

약자를 위한 기도

시편 25:16-21; 고린도후서 12:9-10

● 주님! 약한 이들을 돌아보시어 은혜를 베푸소서.

　저들은 외롭고 괴로운 사람들입니다.

○ 저들의 곤경을 풀어 주시고 고난에서 빼내 주소서.

　저들의 비참과 고생을 보시고 죄악을 모두 없이 하소서.

● 저들의 생명을 지켜 주십시오.

　저들이 피신할 곳은 오직 주님뿐입니다.

○ 올바르게 흠없이 살아가게 하소서.

　온갖 고초에서 저희를 지켜 주소서.

● 주님은 말씀하시기를 "너희는 내 은총을 넉넉히 받고 있다.

　그 능력은 약함 가운데서 완성되는 법이다." 하셨습니다.

○ 그러므로 그리스도의 능력이 머물도록

　더욱더 기꺼이 제 약점들을 자랑하게 하소서.

● 그리스도를 위하는 일이라면

　약점도, 치욕도, 역경도, 박해도, 곤경도 만족하게 하소서.

◎ 저들은 약할 때 오히려 강하기 때문입니다.

　예수님 이름으로 기도드립니다. 아멘.

바른 정치를 위한 기도

시편 10:10-18

● 주님! 악한 사람이 가난한 사람을
  멸시하고 핍박합니다.
○ 악한 자가 자기 욕망을 자랑합니다.
  탐욕을 부리는 자가 주님을 모독하고 멸시합니다.
● 그들의 입은 저주와 사기와 억압적 폭언으로 가득 차 있고,
  그들의 혀 밑에는 욕설과 악담이 가득합니다.
○ 그들은 으슥한 길목에 숨어 있다가
  은밀한 곳에서 힘없는 이를 쳐죽입니다.
● 그들의 두 눈은 언제나 가련한 사람을 노립니다.
  굴속에 웅크리고 있는 사자처럼, 은밀한 곳에서 기다립니다.
○ 때만 만나면, 연약한 사람을 그물로 덮쳐서 끌어갑니다.
  불쌍한 사람이 두둘겨맞아 넘어집니다.
● 가련한 사람이 폭력에 쓰러집니다.
  주님, 고난받는 사람을 잊지 말아 주십시오.
○ 주님은 학대하는 자의 학대와
  학대받는 자의 억울함을 살피시고
  손수 처리하시려 하시니 가련한 사람이 주님께 의지합니다.
● 주님은 일찍부터 가엾은 자들의 의지이시며 고아들의 보호자십니다.

○ 악하고 못된 자들의 팔을 꺾어 주십시오.

● 가난한 이들의 소원을 들어 주시고
그들 마음을 굳세게 하시며 주님의 귀를 기울여 주십시오.

◎ 고아와 억눌린 사람을 변호하여 주시고,
다시는 이 땅에 억압하는 자 겁주는 자 없게 해주십시오.
예수님 이름으로 기도드립니다. 아멘.

정의 사회를 위한 기도

시편 85:1-13., 141:1-10

● 주님! 주님은 어지시고 기꺼이 용서하시어
　　모든 이를 회복시키십니다.

○ 저희를 되살리는 분은 주님입니다.
　　주님의 변함없는 사랑을 믿습니다.

● 주님이 무엇을 말씀하시든지 저희가 듣게 하소서.
　　주님은 저희에게 평화를 약속해 주실 것으로 확신합니다.

○ 저희를 망령되고 우매한 데로 돌아가지 않게 하시려고,
　　저희에게 평화의 길을 가르쳐 주실 것을 기대합니다.

● 사랑과 진실이 만나게 해주소서
　　정의와 평화가 입맞추게 하소서.

○ 진실이 땅에서 돋아나게 하소서.
　　정의가 하늘에서 굽어보게 하소서.

● 주님이 좋은 것을 내려 주시니
　　저희의 땅이 산물을 냅니다.

○ 정의가 주님 앞을 앞서가며
　　주님이 가실 길을 닦게 하소서.

● 주님께 부르짖사오니 서둘러 오소서.
　　주님께 부르짖을 때에 귀기울이소서.

○ 저희의 기도를 주님 면전의 분향으로 받아 주시고
  저희의 손 들어올리니 저녁 제물로 여겨 주소서.
● 저희 입에 파수꾼을 세우시고 입술의 문을 지켜 주소서.
  악한 일에 기울어 나쁜 이들과 불의한 행동을 하지 않게 하소서.
○ 저들의 진미를 즐기지 않으리이다.
  정녕 주 하나님, 저희 눈이 주님을 향하나이다.
◎ 예수님 이름으로 기도드립니다. 아멘.

예수 그리스도의 중보기도

요한복음 17:9-26

● 주님! 저들을 지켜 주소서.

저들이 하나가 되게 하소서.

○ 저들이 충만한 기쁨을 누리게 하소서.

저들이 세속에 물들지 않게 하소서.

● 저들을 악에서 지켜 주소서.

저들을 진리의 말씀으로 거룩하게 하소서.

○ 하나님이 저를 보내신 것을 믿게 하소서.

저들이 저를 통해 창조주 하나님의 영광을 보게 하소서.

● 사랑이 저들 안에 깃들게 하소서.

나를 십자가에 못박는 저들을 용서하소서.

◎ 저들은 스스로 무슨 짓을 하고 있는지 모릅니다. 아멘.

바울의 중보기도

로마서 15:5, 13, 33; 16:20

● 인내와 위로의 주님!
   저들이 서로 같은 생각을 품게 하소서.

○ 저들이 한마음 한입으로 찬양하게 하소서.
   성령의 능력으로 저들에게 희망이 풍부해지게 하소서.

● 저들에게 주님의 평화가 머물게 하소서.
   악마의 유혹을 이기게 하소서.

◎ 예수 그리스도의 은총 속에 살게 하소서.
   예수님 이름으로 기도드립니다. 아멘.

신앙 성장을 위한 기도

고린도후서1:2-4; 에베소서 3:15-20

● 주님!

   하나님의 평화와 은총을 저희들에게 내려주소서.

○ 온갖 어려움 가운데 함께 하시는 주님의 힘으로

   어려움당하는 이들과 함께 하소서.

● 저들에게 주님을 알아보는

   눈과 지혜를 주소서.

○ 저들의 눈을 열어 주시어

   주님의 부르심이 얼마나 희망찬 것인지,

● 주님 상속이 얼마나 부유한지,

   주님 능력이 얼마나 뛰어난지를 알게 하소서.

○ 성령의 능력을 통해

   속사람이 굳세어지게 하소서.

◎ 그리스도의 사랑을 알게 하소서.

   예수님 이름으로 기도드립니다. 아멘.

용기있는 삶을 위한 기도

고린도전서 16:13

● 주님! 저희들이 항상 깨어 있게 하소서.

○ 믿음 안에 굳게 서게 하소서. 힘과 용기를 내게 하소서.

● 어떠한 역경에 처하더라도 당황하지 않게 하소서.

  어떠한 일이 닥치더라도 기꺼이 받아들이고 참고 견디게 하소서.

○ 주님을 신뢰하게 하소서.

  주님께 희망을 두고 바른 길을 가게 하소서.

◎ 예수님 이름으로 기도드립니다. 아멘.

할아버지 할머니를 위한 기도

시편 90:1-17

● 주님! 주님은 영원히 우리의 하나님이십니다.

주님은 저희를 먼지로 돌아가게 하십니다.

○ 주님 눈에는 천년도 지나간 어제와 같고,

밤의 한 때와도 같습니다.

● 주님이 생명을 거두어 가시면,

저희 인생은 한바탕 꿈일 뿐,

아침에 돋는 한 포기의 풀잎입니다.

○ 아침에는 싱싱하게 피었다가도,

저녁이면 시들어 마르는 풀잎입니다.

● 주님이 한 번 노하시면 저희 삶은 끝이 납니다.

주님이 한 번 노하시면 저희 한숨처럼 사그러지고 맙니다.

○ 저희의 연수가 아무리 많아도

그 연수의 자랑은 수고와 슬픔뿐입니다.

● 덧없이 빠르게 지나가니, 마치 날아가는 것 같습니다.

○ 주님의 노기의 힘을 어찌 알 수 있겠으며

주님의 진노가 가져올 두려움을 어찌 알 수 있겠습니까?

● 저희의 날수를 셀 줄 알도록 가르쳐 주시어

지혜의 마음을 얻게 해주십시오.

○ 저희에게 주님의 사랑을 주시고 주님의 즐거움을 주십시오.

　건강을 축복해 주십시오.

◎ 삶의 열정을 잃지 않게 해주십시오.

　예수님 이름으로 기도드립니다. 아멘.

억압받는 자를 위한 기도

시편 31:14-16., 33:20-22

● 주님! 누가 뭐라고 해도
  주님은 저희들의 하나님이십니다.
○ 저희의 운명이 주님께 달렸으니
  원수들과 박해자들의 손에서 건져 주소서.
● 주님의 얼굴을 저들에게 비추소서.
  한결같은 사랑으로 구원하여 주소서.
○ 주님은 저희의 구원자이시며 방패이시니,
  주님을 기다리게 하소서.
● 주님의 거룩한 이름에 의지하여
  주님을 기다리게 하소서.
◎ 예수님 이름으로 기도드립니다. 아멘.

부모님을 위한 기도

출애굽기 20:12;에베소서 6:1-3;골로새서 3:20-21

● 창조주 하나님!
  부모님을 주셔서 감사드립니다.
○ 그들에게 가르침받게 하시니 감사합니다.
  부모님은 하나님의 사랑으로 저희를 이끌어 주십니다.
● 평화롭고 즐거운 일들로 그분들의 삶을 채워 주시고
  하루하루가 주님 사랑 가운데 이어지게 해주십시오.
◎ 예수님 이름으로 기도드립니다. 아멘.

친구를 위한 기도

요한1서 4:20-21

● 사랑의 하나님!

　친구와 우정을 갖게 하심을 감사합니다.

○ 우리의 우정을 축복해 주십시오.

● 슬플 때 아파해 줄 수 있도록,

　기쁠 때 함께 기뻐하도록,

○ 고통스러울 때 함께 나누도록,

　서로가 필요할 때 곁에 있어 주도록,

● 상처가 있을 때 눈물을 닦아 주도록,

　실수할 때 용납하고 고쳐 가도록,

○ 서로를 구속하지 않도록,

　서로에게 집착하지 않고 자유를 주도록 축복해 주십시오.

● 건강하고 사랑스러운 사람으로 성장하도록 축복해 주십시오.

◎ 집단 따돌림과 폭력에서 지켜 주십시오.

　아침에도 저녁에도, 웃을 때도 울 때도 지켜 주십시오.

　예수님 이름으로 기도드립니다. 아멘.

형제자매를 위한 기도

요한1서 4:20-21

● 사랑의 하나님!
  형제자매를 주셔서 감사합니다.
○ 주님은 저희 형제에게 사랑을 주셨습니다.
  서로가 슬픔과 기쁨을 나눌 수 있게 해주십시오.
● 저마다의 재능을 신뢰하며 계발하게 해주십시오.
  사랑이 우리 삶의 기초가 되게 해주십시오.
○ 저희는 한 핏줄이지만 서로 다릅니다.
  서로의 차이점을 소중히 여기게 해주십시오.
● 서로에게 상처를 입히지 않도록 도와주십시오.
  배신하지 않도록 노력하게 해주십시오.
○ 사랑을 거절하지 않게 해주십시오.
  꿈과 사랑, 그리고 인격이 날마다 자라게 해주십시오.
◎ 예수님 이름으로 기도드립니다. 아멘.

청지기직 수행을 위한 기도

디모데전서 6:11-12;디모데후서 1:13-14;히브리서 12:2;베드로후서 3:18;유다서 1:20-21

● 주님!

저희로 하여금 의로움과 경건, 믿음과 사랑,

인내와 온유를 추구하게 하소서.

○ 예수 그리스도에 대한 믿음과 사랑으로,

성령의 능력으로 맡겨진 책임과 역할을 하게 하소서.

● 십자가의 고통을 참아내신

예수 그리스도를 바라보게 하소서.

○ 저희를 지키시고 생명으로 인도하시는

예수 그리스도를 따르게 하소서.

◎ 예수님 이름으로 기도드립니다. 아멘.

교역자를 위한 기도

빌립보서 4:8-9

● 주님! 저희의 전도사님과 목사님이 참되고 의로우며
사랑스럽고 영예로운 것은 무엇이든지 간직하게 해주십시오.

○ 평화의 주님께서 함께 머무시도록
주님께 배우고 듣고 본 것을 그대로 실행하게 해주십시오.

● 주님의 영광과 세상의 구원을 위해
모든 삶을 온전히 드리게 해주십시오.

○ 사랑과 정의, 평화와 생명의 일꾼으로 살아가게 도와주십시오.
겸허하게 주님의 뜻을 이루어가게 해주십시오.

◎ 세상과 교회에 사랑과 평화의 등불이 되도록 해주십시오.
예수님 이름으로 기도드립니다. 아멘.

교회의 성숙을 위한 기도

에베소서 3:14-21., 골로새서 1:9-14

● 하늘과 땅의 모든 것에게 이름을 지어 주시는 하나님,

　성령의 능력으로 교회가 성숙되게 하소서.

○ 모든 신자들이 믿음에 기초를 두어

　그리스도의 사랑 안에 머물게 하소서.

● 그 사랑의 깊이를 깨닫게 하소서.

　저희 안에 활동하시는 주님의 능력에 힘입게 하소서.

○ 지혜와 깨달음으로 주님의 뜻을 헤아리게 하소서.

　주님 뜻에 따라 살아감으로써 모든 일에서 기쁨을 누리게 하소서.

● 온갖 선행으로 열매 맺게 하소서.

　모든 일에 용기와 인내를 갖게 하소서.

○ 어둠의 세력에서 건져내신 하나님께 늘 감사하며 살게 하소서.

● 전도사님, 목사님에게 평화를 주소서.

　교우들과 선생님에게 평화를 주소서.

○ 임원과 성가대원이 재능을 살려 주님을 잘 드러내게 하소서.

　사이가 좋지 않은 이들에게 화해의 마음을 주소서.

● 교회에 불평 불만이 있는 교우에게 평화를 주소서.

　나쁜 버릇을 끊지 못하는 교우를 바로잡아 주소서.

○ 먼 거리에서 다니는 교우에게 평화를 주소서.

앓고 있는 교우에게 평화를 주소서.

● 방심한 이들을 깨우쳐 주소서.
  그리고 뉘우치는 이들을 용서하소서.

○ 의를 추구하는 용기와 행할 수 있는 은총을 주소서.
  온갖 미움과 편견을 버리게 하소서.

◎ 예수님 이름으로 기도드립니다. 아멘.

하나님의 선교를 위한 기도

이사야 61:1-3; 골로새서 4:2-6

● 주님! 주님의 영을 내려 주시어

억눌린 이들에게 복음을 전하게 해주십시오.

○ 찢긴 마음을 싸매 주고,

포로들에게 해방을 알리게 해주십시오.

● 옥에 갇힌 이들에게 자유를 선포하고,

슬퍼하는 이들을 위로하게 하시고 희망을 주게 해주십시오.

○ 감사하고 기도하며

항상 깨어 있게 해주십시오.

● 그리스도의 신비를 말할 수 있게 해주십시오.

사람들을 지혜롭게 대하며 전도하게 해주십시오.

◎ 예수님 이름으로 기도드립니다. 아멘.

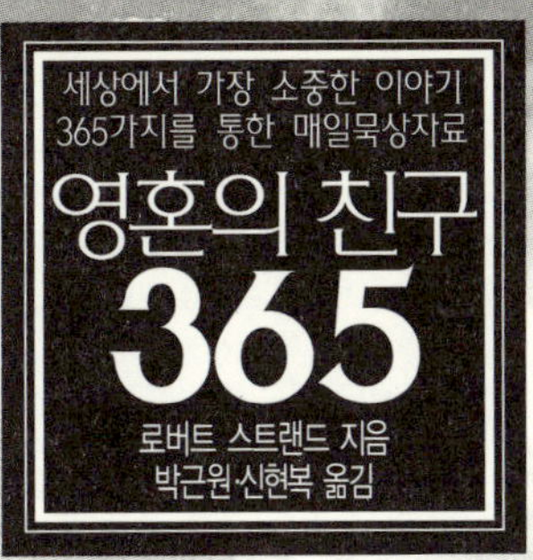

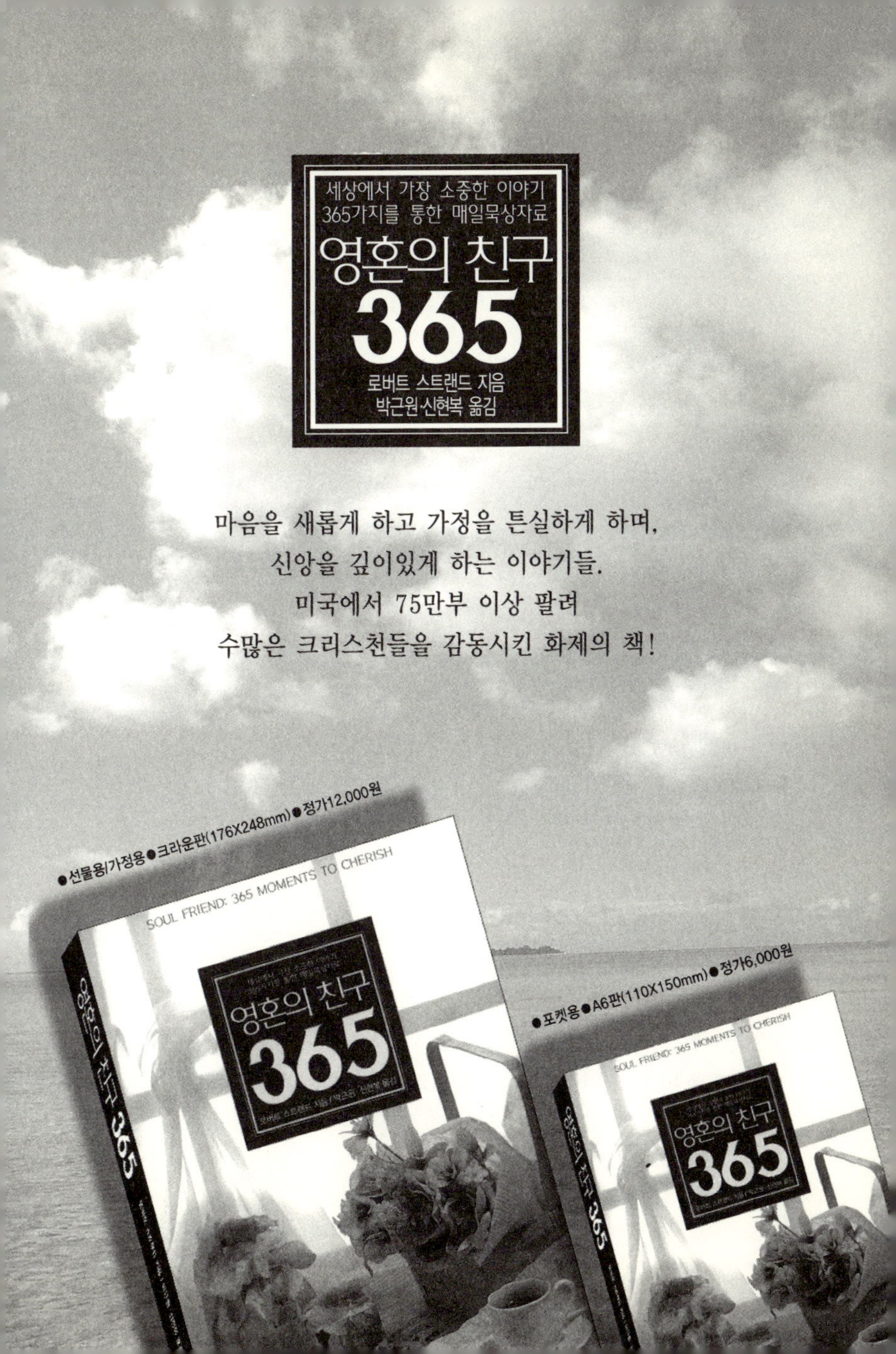
세상에서 가장 소중한 이야기
365가지를 통한 매일묵상자료
영혼의 친구
365
로버트 스트랜드 지음
박근원·신현복 옮김
마음을 새롭게 하고 가정을 튼실하게 하며,
신앙을 깊이있게 하는 이야기들.
미국에서 75만부 이상 팔려
수많은 크리스천들을 감동시킨 화제의 책!
●선물용/가정용●크라운판(176X248mm)●정가12,000원
SOUL FRIEND: 365 MOMENTS TO CHERISH
영혼의 친구
365
●포켓용●A6판(110X150mm)●정가6,000원
SOUL FRIEND: 365 MOMENTS TO CHERISH
영혼의 친구
365

이금만●지은이
현재 한신대학교 신학부 교수이며, 한국기독교장로회 목사로서, 한신대학교와 동 대학원,
뉴욕 유니온신학대학원, 컬럼비아대학교 사범대학원에서 기독교교육과 신학을 수학했고
기독교교육학박사를 취득했다. 지은책으로 《기독교교육논총 2》《기독교교육논총 3》
《기독교교육논총 4》《지구화시대의 한국신학》《우리는 화해의 일꾼》(공저)
《하나님나라의 작은 씨앗》(공저)《하나님은 우리의 희망》(공저)《우리와 함께 하시는 하나님》(공저) 등이
있고, 옮긴책으로는《영성발달을 위한 25가지 성서교육이야기》(딕 머레이) 등이 있다.

청소년 기도서

우리와 함께 하시는 하나님

초판1쇄발행 1999년 7월 15일
초판2쇄발행 1999년 7월 20일

지은이 이금만
펴낸이 길청자
펴낸곳 도서출판 아침
등록 제7호 (1999.1.7)

기획 열린마당
제작 삼덕미디어

주문처(총판) 생명의 샘
　　　서울 · 송파구삼전동65
　　　전화 419-1451
　　　팩스 419-1452

---

* 정가는 뒷표지에 표시되어 있습니다.
* 잘못 만들어진 책은 책방에서 바꾸어 드립니다.
* 지은이와 협약에 의하여 인지를 붙이지 않았습니다.

ⓒ 이금만, 1999

* 가까운 책방에 책이 없을 때에는 080-365-7878(수신자 부담전화)로 전화주시면 송료 본사부담으로
  책을 보내드립니다.

ISBN 89-88764-09-1